〝山〟と〝谷〟を楽しむ建築家の人生

山﨑健太郎／西田司／後藤連平＝編

始めに

人生を有意義なものとするために

山﨑健太郎

この本の企画は、西田司さんと一緒に登壇した学生主催のトークイベントがきっかけで生まれました。そのときの学生たちのリクエストは、僕たちの建築作品の説明というよりは、学生たちが今不安に思っていることに答えてほしいというもので、たとえば、アトリエ事務所として独立してからの収入や、そのときいくらの貯金があったかなどの金銭的なことや、アトリエ事務所ではどのようにプロジェクトを進め、どのような働き方をしているかなど、建築家の生々しい生活そのものが興味の対象でした。西田さんも僕もそういうことには率直に答えてしまうほうだから、ずいぶんと盛り上がったイベントになりました。一方で、学生たちは僕たちのようなアトリエ事務所を就職先としては選ばないことも最近の傾向にあるようで、ちょっとした違和感も感じていました。その違和感に答えようとしたのが、この本の出発点となりました。

本書では、自身で設計事務所を構えられる七人の建築家にお話を聞かせていただきました。いずれも建築の業界で成功されている方々ですが、そのキャリアも仕事の幅も七人七様。皆さん独立してしてから一〇年から二〇年くらい経つので、そのキャリアのなかで苦しかったときや乗り越えたときの生々しさを聞きかせてもらいたいと思っていました。生きることはきれいごとではないとしたうえで、ときにしたたかに、ときに子どものように純粋に建築と向き合ったお話は、建築の仕事を楽しむことをはるかに超えて、人生をいかに豊かで意義深いものにできるか、という広がりさえもっています。

そのようなインタビュー集ですから、建築家になるためや、アトリエ事務所で働くための指南書ではありません。大学で建築を学んでいる学生たちに、あるいは独立して迷われている方や、これから建築の仕事を通して、どうやって前向きに生きていこうかと悩んだり、不安に思っている若い人たちにも広く読んでもらいたいと思っています。いうまでもなく、「建築家」という職業はなく、建築に関わっていく「生き方」であって、まさにここに書かれているのは、社会とともに変わっていく価値観や経済状況においても、それに振り回されず、創造的な生き方を実践している建築家たちの姿です。本書で語られた生々しい言葉たちは、目の前にある不安を大きなワクワク感がうやむやにして、皆さんの背中をあっけらかんと押してくれるのではないかと思うのです。

目次

interview 1

「やらなくていいこと探し」から道を切り開く

永山祐子［永山祐子建築設計］

学生時代からいろいろなことに飛び込み、自分の進むべき方向を徐々に定めてきた永山さん。持ち前の好奇心の強さから、今まで建築家が手掛けなかったジャンルにも積極的に手を広げ、新しい姿を見つけ出そうとしている。

1975年東京都生まれ。1998年昭和女子大学生活科学部生活環境学科卒業。1998～2002年青木淳建築計画事務所。2002年(有)永山祐子建築設計設立。現在同事務所代表、東北大学非常勤講師。

積極的な大学時代

西田　まずは学生時代に遡って、建築を目指されるまでのお話を伺わせていただければと思います。

永山　私は高校時代に突然、建築家になろうと決心したんです（笑）。父が生物物理学の研究者だったので、最初はバイオテクノロジーに関心があったのですが、友達と進路について話していたとき建築家の話題が出て、小さな頃にモデルハウスを見学して楽しかったことや、建築を志していた祖父の残したブルーノ・タウトや柳宗悦などの本が思い出されて、これだと思いました。

もともとは理系でしたがバイオの志望だったので、急遽、建築が学べる進学先を探し、昭和女子大の生活環境学科に入学できました。ところがこんなことを言ったら母校に怒られますが、入った瞬間から良くも悪くも女子大特有の、のんびりとした雰囲気を感じてしまい「ここでぬくぬく過ごしていたら大変だ！」と焦りました。大学に行けただけで何かが大きく変わると、期待が大き過ぎたのかもしれません。でも結局はどこに進学しても自分が動かないといけないんですよね。それに気づかされたのは逆に良かったと思います。

まずは積極的に外に出て刺激を求めようと、一年生のときに父のフランス出張について行ったのですが、それが衝撃的で、もっとヨーロッパを見たくなり、年に一度フランス滞在の機会がある、日仏交流会議に論文審査と面接を受けて入りました。

西田　行動派ですねぇ。

永山　そこはとくに建築とは関係がない組織なのですが、帰国子女が多く所属していて、なかでもSFC（慶應義塾大学湘南藤沢キャンパス）の学生はその頃からインターネットやメールを使いこなしていて驚かされました。何しろ当時は、まわりにはメールを使っている人がいませんでしたから。

西田　ITなんて言葉がまだ身のまわりになかった頃ですよね。

永山　そうなんです。そこで仲良くなった友達の両親がアラブ首長国連邦に住んでいたので、冬休みに一カ月ぐらいアブダビに遊びに行きました。向こうでは彼女のお父様の友人宅にお招きいただき日本文化との違いに驚いたり。とてもいい経験ができました。

西田　だとすると、二〇二〇年から始まる「ドバイ国際博覧会日本館」の設計を任されたのも不思議なご縁ですね。

永山　今でも家族付き合いをさせていただいているので、すごく喜んでくれています。日仏交流会議の友だちは皆グローバルで、私も楽しい経験をさせてもらいました。

▲「ドバイ国際博覧会 日本館」外観パース(計画＝永山祐子建築設計)

西田　その後、大学で設計課題に取り組むようになった頃はどんな挑戦をされていたんですか？

永山　思い出深いのは、知人に誘われて、舞踏家の田中泯さんの「舞塾」にボランティアで参加したことですね。自分は課題ごとに考えがくるくる変わってしまうので、建つまでに長ければ四年も五年も掛かってしまう建築ではなく、瞬間的な芸術ともいえる舞台美術に携わるのもいいのでは、と思い始めていました。

田中泯さんは山梨県で「アートキャンプ白州」を運営されていて、なかには象設計集団や左官の久住章さんが協力する建築ワークショップもありました。私はそこに参加したり、田中泯さんの野外舞台の設営を手伝ったり黒子をやったりして、一時期は山奥に住み込んでいました。

今でも覚えているのは『千年の愉楽』という中上健次の小説を戯曲化した、観世栄夫さんと田中さんとの二人舞台です。会場は古い神社で、明かりはほぼ篝火だけ。私は乳母を演ずる観世さんの後ろから、掻き集めた落ち葉を撒く係を任されました。舞台で演じる観世さんのオーラがとてつもなくて、二人の演者の人間力に舞台美術など空間の力はあまり必要ないように思えました。

白洲は田中泯さんというカリスマによってつくられた場であり、それはそれで居心地はいいのですが、焦りも感じました。非日常世界で社会から隔絶されているようにも感じて、私はもっと社会とコミットしたいし、リアルな日常の何かを変えたいから、「ここじゃないかも」と山から降りることにしたんです。

西田　その後、どうされたんですか？

永山　三年生になってからシーラカンスに出入りさせてもらうようになり、仲良くなったスタッフの仕事の進め方を目の当たりにして、二年や三年という長い期間、日々更新しつつ地道に進んでいくプロセスの尊さを学ぶことができました。

西田　三年生でそれを知ったのは早いですね。

永山　それで「やっぱり建築をやろう、行くならアトリエだ！」と、建築に関するイベントに積極的に参加するようになりました。

大学の卒業が近づき、大学院に進学するかアトリエに就職するかで迷ったのですが、とにかく現場に行きたいと思って、希望する事務所で断られたら、浪人して大学院に行くことに決めました。

そこで連絡したのが青木淳さんと西沢大良さんの事務所です。西沢さんは当時スタッフを取る予定がないとのことでしたが、ポートフォリオはじっくり見てくださいました。青木さんには、今のようにＨＰもなかったので、連絡先がわからずなかなかコンタクトできなかったのですが、やっと連絡がつきポートフォリオを見てもらいました。就職希望者が何人かいましたが、一週間ほどトライアルを受けた末に、運良く入れました。

後藤　青木事務所では住宅「L」などを担当されてましたよね。事務所設立時は当時二六歳ということで、ずいぶんと若くして独立されたのですね。

永山　とくに急いでいたわけではないのですが、青木事務所が当時四年間で卒業することになっていたので、私もそのタイミングで独立しました。最初の仕事は青木さんから紹介していただいた美容院「afloat-f」（二〇〇二年）のインテリアデザインです。

後藤　そのときにはこの仕事からどんどん次に繋がっていくだろうというイメージはありましたか？

永山　まったくないですね。先が読めなくて、ずっと不安はありました。当時はそれほどコンスタントに依頼が来ませんでしたから。事務所を設立してから半年経ってスタッフを入れたあとも仕事があまりない時期がありました。一時はこのまま来なかったら、ぱっと旅行して解散するしかないかなと考えたぐらいです。

西田　解散も割とポジティブに捉えられていた？

永山　大学卒業後から仕事をしていない時期がまったくなかったので、「ちょっとぐらい人生にお休みがあってもいいんじゃない？」ぐらいに思ってました。不安はもちろんあり

▲「afloat-f」（設計＝永山祐子建築設計、2002年）

ましたが、仕事が来ないことへの悲観は、ほとんどなかったんです。本当に先のことは何も考えてなかったから（笑）。来たものをとにかく頑張ってやろう、間が空いたら、外国に旅にでも出ようかなという感覚でした。

就職先探しは「やらなくていいこと探し」

後藤　学生の頃、色々な分野に飛び込んだ時期があったというお話しでしたが、学生時代はどう過ごすと良いと思われますか？

永山　学生の頃って、皆「やりたいこと探し」をするじゃないですか？　私は「やりたくないこと」、つまり「（人生で）やらなくていいこと探し」をするべきじゃないかと思うんです。興味があったことでも、実際に体験してみると「ちょっと違うかも」とわかりますよね。気になることを一つずつ潰して、やりたいことリストから外していくんです。体験するたびに違う現場での経験が蓄積されていきますから、それがどこかで返ってきて、自然と道が開いていくと思います。

ですから、気になったら行ってみればいいんです。現場を見るとか、少し手伝ってみるとか、それだけでも「ここはちょっといいと思うけど、でもなんか違うかな?」という感触が絶対に得られると思います。

後藤 それは体験を通して得た実感が、強い判断材料になるということでしょうか?

永山 そう思います。ですからちょっとでも引っ掛かったら、まずは体験して、リストから消すか、消さないかを判断していけばいいんですよ。

後藤 とくに、学生だったら比較的簡単に内側を見せてもらえることもありますからね。

永山 そう。特権なんですよ。今の学生を見ていると、最初の一発で大当たりというか、大正解を狙っている方が多いように思えるんです。建築って、メディアなどではうまくいった例しか紹介されないから、そう思ってしまいがちなのかもしれません。でも本来、設計って、案を散々却下されて、しんどい思いをしてやっと一歩進むものじゃないですか? だから人生においても色んな経験をしながら、徐々に当たりを探せばいいと思うんですよ。

建築を実現させるために必要な視点

後藤 永山さんにとっての、建築での成功って何でしょう? 建築の世界って、建築メディアやアカデミズムでの評価もあれば、ビジネスとしての評価もあって、それらがグラデーションのように分布しているように思いますが、どの部分を重視されているのでしょうか。

永山　大事なのは、クライアントをはじめとする事業に関わるすべての人が良かったと思える結果を残すことです。もちろん、自分なりに建築として達成したいことを実現することも大切ですが。

後藤　事業的な部分と建築的な意義の両方に意識があるということでしょうか？

永山　そうですね。もちろん事業的な部分はすごく考えます。

後藤　言い替えれば、建築業界の外に通じる価値に意識的に取り組んでいらっしゃるということですね。

永山　「建築家が関わると、こんなに見方が変わるんだ！」と思われるよう、彼らが想定している以上に新しい解法を示さなければと思いますね。

後藤　新しさは、業界内で考える新しさと、クライアントにとっての新しさでは少し違うと思いますが、そこは言葉でも説明していかれるのでしょうか。

永山　はい。建築を説明する言葉には何通りかありますよね。クライアント向け、自分向け、業界向けと。説明の仕方は色々もっていたほうがいいと思っています。

後藤　それは僕も共感する部分です。永山さんはいつからそう思うようになりましたか？

永山　青木さんがたくさんの言葉をもっている方で、柔軟に説明の仕方を変えられるんです。ですから青木さんと一緒にクライアントとの打ち合わせに行くと、クライアントは「その通りですよ！　もう青木さんについていきます！」と感激されます。一方、竣工後に掲載された誌面で青木さんの文章を読むと、同じ建築のことなのに、初めて聞くことが多くて驚くんですよね。「何かすごい言葉が出てきたぞ！」と。

後藤　伝聞ですが、アルヴァロ・シザもそういう説明の仕方をしていると聞いたことがあります。でもそれは嘘をついているわけではないと思うんですよね。

永山　もちろん、そうです。最近は、クライアントの立場なら、どんな説明が聞きたいかをまずは考えながら、ポイントを掴んでいくと、実現率が高くなるのではないかと思っています。

建築は実現する確率がそれほど高くはないので、確率をできる限り上げる、つまり無駄を打たないことが、設計事務所を経営するうえではかなり重要です。全力を注いだものを確実に実現させるためにも、クライアント側から見たときのポイントを私が把握して、スタッフにも伝え、プレゼンに入れ込まなければいけないなと思っています。

後藤　永山さんはそれをどうやって想像できるようになったのでしょうか？

永山　できない時期もありました。「私はこんなにあなたのことを思っているのに！」という片思い状態ですよね。でも「待てよ。あっちは何を求めていたんだろう?」と反省していくなかで「そこじゃなかったかもな! ポイントは」と考えられるようになったんです。

もちろん要求を飛び超えた提案も必要ですが、まずは向こうが求めている内容を一定以上満たしたうえで、ジャンプを見せなければいけません。きっと以前は、ジャンプしている部分しか見せていなかったんでしょうね。

先に提案する、「先手必勝法」

西田 実現する確率を上げていくなかで、仕事の内容は何か変わりましたか?

永山 変わりましたね。単純に美術館、博物館、店舗のようなビルディングタイプではなく、まだ言葉になっていない「こういう場が欲しいんです!」というリクエストをいただくようになりました。

西田 それに対する永山さんの答えは抜群にいいですよね。奈良県大和高田のショッピングセンター(「tonarie大和高田」二〇一八年)なんて、すごく先駆的なイメージだなって思いました。

永山　重要なのは、こちらから先に中身を提案することです。「要項をまとめます」とクライアントに言われても一、二カ月送られて来ないことが多いですよね。それは先方が想像できていないからなんですね。だから最近は要項が来る前に、先に提案することも増えてきました。

それを私たちは先手必勝法と呼んでいて。相手が求めているけれど言葉にできない何かをヒアリングによって探り、目に見えるかたちで提示できると、「それ！　それ！」と盛り上がります。

後藤　お話を聞いていると、それ自体がもはや建築家の新しい職能のように思えます。

永山　大事なところだと思います。ある程度中身も含めて建築家が設定できれば、建築そのものに存在の根拠も生まれますから。デザインのバリエーションというか、ものとしての良さとか美しさは、もはや誰もが生み出せるようになっているので、むしろ設定からデザインまでのパッケージとして優れたものが、建築として優れているのではないかと思います。

たとえばヨルゲン・ボーとヴィルヘルム・ヴォラートが設計した「ルイジアナ近代美術館」（ポール・エリック・トネール、二〇〇〇年改修）も設定勝ちですよね。あれは何期にも渡って設定を変えながら複数の建築家に依頼していったことによりできた総体的なものだと

▲▲ 上下とも「tonarie大和高田」(設計＝永山祐子建築設計、2018年)

思います。つまり、出題者が良かったんですね。

ということは、日本には出題のスペシャリストがいないのかもしれません。ですから以前はクライアントが立てた問いに答えるのが建築家の役割だったけれども、今の世のなかで求められるのは単純な問いではないから、建築家がクライアントと一緒に問いを立てなければならない。つまり先手必勝法というのは、一緒に問いを立てるという感覚なんです。

後藤 それをビジネスとして考えたとき、別の業務として、フィーを付加できるのでしょうか？

永山 企画料として、付加できるときはします。

後藤 それは夢のある話ですね。

永山 でも、そうしないとサービスの一環だと思われてしまいがちですし、設計をするための足掛かりでしかないと思われると設計料と込みにされてしまうので、なるべく取っていきたいです。

西田 ただ、企画に対してフィーが取れるのは、相当大きな資本が動いている案件でないと難しいかもしれませんね。

永山 規模が小さい場合は相当に難しいですね。ですから、フィーの設定は適宜変えています。設計料を少し多めにして、企画料はいただかなかったこともあります。

西田　問い立てを意識的にやり出したきっかけは何かあるのでしょうか。二〇一二年に建てられた愛媛県宇和島市の「木屋旅館」（二〇一二年）は意識され始めた頃の建築だと思うのですが。

永山　そうですね。あのときは、地域の問題から建物のあるべき姿までクライアントと一緒に考えました。デザインの根拠がかっこいいとか、新しいとか、そういった空間性だけの問題ではないだろうと思って。

西田　確かに『KJ』（二〇〇八年一二月号「特集／永山祐子」）に掲載された永山さんの文章でも「建築以外のものでも建築になり得て、色々な可能性が考えられる」ということを最後に宣言されていますね。

永山　好奇心が強いので、お菓子のデザインでも何でもやりたくなるんですよね。やっているうちに、それぞれの世界に存在するルールが段々わかってきて、建築的な考えをどこにもち込めば新しくなるのかポイントが見えてきます。

他分野に建築的な考えを加えるのはすごく面白いし、一方で建築プロジェクトそのものも、すごく総合的になってきていると思います。そのなかで建築という立場から全体を引っ張っていけたらと。建築的な考え方が世のなかにとってのエンジンとして役立つのではないかと考えています。

後藤　建築家の方には「建築士という資格を取って建物を設計する職能」にとらわれている人も多い気がします。もちろんそれが第一であるのは間違いないのですが、少しもったいないですよね。永山さんのように建築以外にまで領域が拡張できるのであれば、すごいことだと思います。

未来の街を変えるために

西田　永山さんが先ほどおっしゃった「クライアントをはじめ事業に関わるすべての人が良かったと思える結果を残すこと」というのは、単にその事業が儲かることだけを指しているのではなさそうです。とすると、良かったと思える結果というのは、どんな状態を指すのでしょうか？

永山　たとえばショッピングセンターの仕事でいえば、今、地方の箱型ショッピングセンターの末路が見えてきています。でもショッピングセンターの良い事例を一つでも増やすことができれば、直接のクライアントだけでなく、皆がそれを真似できますよね。そうすると、この仕事が未来の街を変える可能性もあるし、ひいては自分たちの子どもが住む街が変わることもあるかもしれない。次の世代がもっと楽しくなるための、既存のものを超えた新しいタイプのショッピングセンターをたくさんつくって、この業界の方々に「まだバリエーションが出るんだ、可能性があるんだ！　この分野」って思わせることができたら、皆にとって成功したと言ってもいいんじゃないでしょうか。

西田　そこまで聞くと、これはやはり建築家の仕事だと思えますね。

永山　そうなんですよ。新宿ミラノ座跡地再開発計画（「新宿 TOKYU MILANO」）の高層ビルファサードデザインを手掛けるにあたって、歌舞伎町を計画した石川栄耀や鈴木喜平衛について書かれた本を読んだのですが、そこには戦後の焼け野原から未来を思い描き邁進する姿が描かれていました。未来をつくれる仕事に携わるってとても素晴らしいことなんだと思ったんです。未来をつくるために、一つひとつのプロジェクトが少し先、少し先を目指して進んでいくと、だいそれたことができていなくても、確実に前へ進めることはできるのではないかと思ってます。

ですからクライアントには、結果の成否について、長い目で判断してもらいたい。コストを早く回収することだけを目的にするのでは、その事業についての可能性も潰してしまうと思うんですよね。

後藤　建築家に求められる仕事は事業性の先にあるものだと、学生さんにも知ってもらい

▲ 再開発計画「新宿 TOKYU MILANO」の高層ビルファサードデザイン外観パース（計画＝永山祐子建築設計）

たいですね。

西田　コマーシャル的な成功にアレルギーをもつ人もいますよね。「売れれば良いのか？」みたいな。でも、その先に踏み込める可能性もあるわけですよね。

永山　最近、大学の設計課題で商業施設を出題するんです。というのも、今まで大学で商業施設は課題に選ばれていませんでしたから。つまりアカデミズムにおいて商業施設は建築家がやるべきじゃないと思われているんですね。でも、それでは街がつまらなくなると思います。だって街のなかで商業が一番多いプログラムですから。そこにコミットせずデベロッパーに背負わせるってなんだか面白くないなと。商業の分野にもっと違う考え方を吹き込まないといけないと思います。

それに地方では商業施設が一番公共的な建築です。みんな用がなくても毎日のように行きますよね。

後藤　僕も静岡の浜松に住んでいた頃、イオンに週に二、三回は用事がなくても行っていました。しかもバリアフリーが徹底しているから、小さな子ども連れでもめちゃくちゃ動きやすいんですよ。

永山　ですよね。公共が担う要素、たとえば市役所や出張所、保育園のような公的機関を入れた複合施設も増えてきています。公共建築として商業建築を捉えていくことが大事だと思います。

西田　よく地方の再開発で建ったビルで、最後のテナントもいなくなったあとに、しようがないから公共が入ることがありますね。

永山　公共って撤退しないし、賃料もちゃんと払ってくれる良いテナントなんですね。そうやって商業施設がより公共的になっていくなかで、建築は単なる箱型ではなく、きちんと空間性も考えられたものになればいいと思っています。

今、非常勤をしている東北大学では商業建築に公共的なコンテンツを入れる課題を出しています。すると、学生たちが面白いことを考えるんですよ。銭湯を組み合わせたり、お寺の宿坊を組み合わせたり、色んなプログラムが挙がっていて。私にとってもその授業自体が「今の学生はモノを買うってことをどう思っているのか」という、良いリサーチにもなってます（笑）。

クライアントから「モノを買わなくなっている」という悩みを散々聞いているので、逆に「建築家も商業にどんどん出ていって、新しいジャンルをつくればいいんじゃないか」とも思います。私が若くして独立できたのは、商業建築を手掛けたからだと思っているので。ですから、若い建築家も商業施設に携わることで事務所を安定させて、もっと世のなかにコミットして、建築家の立場と存在意義を高めたほうがいいと思います。

協業をうまくこなすポイント

後藤 規模の大きなプロジェクトを手掛けるうえで大事なことはほかに何かありますか。

永山 設計を進めていくうえでの他社との協業です。たとえば「女神の森セントラルガーデン」（二〇一六年）は竹中工務店との協業ですし、新宿ミラノ座跡地再開発計画の高層ビルは久米設計との、「ドバイ国際博覧会 日本館」はNTTファシリティーズとの協業です。

全体がぶれないようにするためには、一部を受けもちながらも、自分が全体のコンセプトをきっちり立てることが重要です。そのためには、最初に単純明快なコンセプトとエンジンをつくること。つまり他者と一緒に設計していくなかでは、みんなが思いを一つにできる明確なものが必要なんです。自分だけなら何となく迷っていても「進めていくなかで最後にまとめていけばいいや」みたいな部分がありますが、協業する場合はそうはいきません。もちろん、少しずつ変わっていく余白も残しつつですが。

後藤 イニシアチブを取る人がいなければ、一貫性もなくなってしまいますからね。

西田 「女神の森セントラルガーデン」における永山さんの立場はデザインアーキテクトと書かれてありましたが、それは実施設計を竹中工務店がするうえでのスーパーアドバイ

▲ 上下とも「女神の森セントラルガーデン」(設計＝永山祐子建築設計、2016年)

ザー的な役割ということでしょうか。

永山　竹中工務店の技術力、マンパワー、環境リサーチ能力、実施設計スキルの力を借りながら、私たちは全体のコンセプトをつくり、そこから構成を決め素材の選定をしていきました。設計内容がコンセプトから外れていかないように皆で打ち合わせを重ねていったんです。

西田　そのプロジェクトでは、永山さんはクライアントと一緒に問いを立て、そしてそれに答えていく。より詳細に答えなければならない部分は竹中工務店が答えた。そんなイメージでしょうか。

永山　そうですね。私からコンセプトをクライアントに説明し、了解を得ながら進めていく感じです。

西田　やはり、大手ゼネコンだけではクライアントもプロジェクトの方向性が物足りなくなっていて、そこに永山さんが入ることで、良いプロジェクトに着地できるという構造があったと思うんですよね。

永山　クライアントが私に求めたのは作家性、つまり新しい建物のキャラクターでした。ただ、実際はクライアントの思いが予算を超えていたこともあり、改めてクライアントの要望や設定をヒアリングしながら、その都度新たな提案を出し続けました。結局、実施案に至るまでに出した提案は七案あるんですよ。
それは、少しずつ向こうの認識を変えながら、「もうちょっと変えられませんか?」と提案を続けていくようなプロセスでした。

西田　デザイン監修という言葉はわかりにくいですね。実際、再開発の大規模プロジェクトで、森ビルがアメリカからシーザー・ペリやKPF（コーン・ペダーセン・フォックス）を呼んできたときは、ファサードに〝お化粧をする〟というデザインの調整役的なニュアンスがイメージとしてありましたが、永山さんが担っているのは、相当深いところに入って、デザイン意図を明確にする役割ですよね。

永山　そういうことですね。

西田　要するに外国人タレントを連れてきて価値を上げるという単純な話でもないし、プロジェクトの健全性や事業性を考えれば、大手組織だけではなく様々な視点が必要になる。
そこで永山さんのような建築家が求められている、この状況をどう捉えればいいでしょうか?

永山　社会そのものが複雑になっていてニーズとしては通り一辺の機能だけでは済まなくなっている。それはたとえばお客様が求めている多様性だったり、新しさだったり。商業施設でいえば、ただ買い物ができるだけではなく、プラスαが求められている。そのプラスαが何かは、事業者に聞いてもわからない。その駆け込み寺がたぶん私たちなんですね。

西田 なるほど。たとえば大きなプロジェクトの場合、組織が担う仕事量はとても多いし、クライアントでさえ自分たちが求めているものが何なのかよくわかっていない場合もある。求められているものを探していく作業には様々な角度からアプローチしたほうが良いから、建築家と協業するということになるわけですね。もちろん、その役割を担う人が組織にいる場合もありますが。

永山 そうだと思います。建築家の職能には、具体的な要望に応えるだけでなく、全体像や世界感を生み出すことが含まれているはずです。学生時代にその練習をしてきたわけですから。

西田 ほかに気をつけているポイントは何でしょうか。

永山 そうですね。できるだけ早く、プロジェクトの大枠や構成そのものを大掴みして、自分がどこのポジションに付けばプロジェクト全体がうまく進んでいくのかを考えます。事業の設定そのものが適切かということも疑いながら、建築の前段階の企画から提案したほうが良いのかどうかも意識するようになりました。

西田 プロジェクト全体を把握したいのに、限られた情報しか教えてもらえないこともありますか?

永山　そうなると、すごくやりにくいので、一番決定権をもつ人物に直接会えない仕事は、基本的には断ることにしています。

西田　担当者しか出てこないようなプロジェクトですよね。

永山　顔の見えない「神の声」を聞いて進めても、真意を知ることができなければ根本的に解決できないことも多いので。

西田　そういった仕事を断るには、常にアンテナを張ってないと、断るタイミングを逸してしまいますよね。

永山　そうですね。最初に「これちょっと危ないんじゃない？」という気配を感じたときは、こちらも乗り気な雰囲気を出さないようにします。仕事の良し悪しに関するジャッジは、私の感覚でしかできないので、実際に会って打ち合わせをしながら、常に雰囲気を見て、ちょっと危ないな、これタッチしないほうがいいかなと判断しています。

西田　どういったときに「危ない」と判断されるのでしょうか？

永山　最初に依頼が来たときの内容があまりにふんわりし過ぎる場合などですね。あとは住宅の依頼で、普通のハウスメーカーと迷っていると言われたら、「ハウスメーカーにしたほうがいいんじゃないですか？」とお伝えしますね。クライアントは新しいことを目指す共犯者でもあってほしいので。そのような意識がくい違っているとトラブルになってしまいがちかもしれないですね。

仕事の適切なバランス

西田 仕事の量としては、いくつぐらいのプロジェクトを抱えるのが進めやすいですか?

永山 どうでしょう。現在は、小さい規模のプロジェクトを含めると一五件以上進めています。色々なバリエーションが常にあったほうがいいかもしれません。

西田 事務所の経営状態はいかがですか?

永山 うーん、ずっと赤字だったのが最近黒字になったぐらいです。
でも建築業界全体で、設計料そのものの割合をもっと上げなければいけませんね。それはもっと上の世代もトライしてほしいし、私たちもアピールしなければと思っています。そうじゃないと、建築家の立ち位置がどんどん落ちていくと思います。

西田 赤字が黒字になった転換期はあるんですか?

永山 すべての事業に言えると思いますが、仕事の規模が上がらないと黒字にはならないですよね。だから小さな事務所は辛いところで、人数が増えてくると仕事量も分散されるので、すこしは良くなります。

小さい仕事もあれば大きい仕事もあるというバランスを取るためには、それなりに事業を拡大できるだけの事務所の体力が必要ですよね。うちはスタッフの数が一〇人くらいになった頃から、やっとバランスが取れるようになりました。

また、住宅だけでなく商業的なものも受けると経済的には安定しますね。さらにさっきお話をしたように仕事の実現率を上げること。だから来た仕事はなるべく引き受けます。またオープンコンペについては最近出していませんが、指名コンペはそれなりに挑んでます。勝つことができれば事務所の効率が上がるので、経済的にもプラスになりますから。

西田 設計料は国交省の告示に従って提示しているのですか？

永山 一応は告示でやっていますが、告示通りになんて取れませんよね。

西田 確かに、だいたいカットされますね。とくに公共建築は良くないですよね？ 公共建築は告示の算定が一番低いところで抑えられて、さらに七掛け八掛けにされるから。

永山 建築家の存在意義を示してきちんと対価を取らないと、この悪循環は止まらないと思います。

西田 そもそも告示が良くないと思うのは、誰が何をやっても金額が一緒だから。つまり同じビルディングモデルを繰り返せば儲かるっていうことじゃないですか？

永山　そう。技量や作業量に応じていない。

ただ赤字だからモチベーションが下がったり、黒字だからモチベーションが上がったりはしません。気にするのは、ほぼ仕事の内容だけ。「あ！　お金がない、困ったな」ということもありますけど。ほとんど自分の会社のお金を確認しないので、まずくなると会計事務所が教えてくれるんです。「まずいですよ！」って。「危ないときだけ教えて」とお願いしてあります。あまり気にし過ぎると、本当にやりたいことや、やるべきことにバイアスが掛かってしまい、良くないなと思っています。だから、経営者に向いてないんです。

西田　確かに、問い立ての段階で儲けられるかどうかわからなくても、そこでもマンパワーは掛かってしまうし、あまり考え過ぎると何もできなくなりますよね。

永山　そうなんですよ。だから「いつか回収できるさ」という感覚でいます。先は長いので。もちろんお金のことは大事で、労働への対価は得ないといけないし、取れるところから取っていかなければいけないけれど、「意義のある良いものをつくった」という評価をいただけることが一番達成感を感じるところだし、目標ですから。ですから「フィーがないから、ここまでしかやりません！」とは言わず、やれるところまでやります。

西田　そうした姿勢に対してスタッフの反応はいかがですか。

永山　モチベーションの高い子が多くて、建築じゃないものをやっていることを面白がっているところがありますね。それに今の子はソフトに興味があるので、そこを一緒に考えることで労働時間が増えたと思っている様子はないです。一緒に考えるのが楽しいですね。

事務所の適切な規模

西田　スタッフはどんなふうに増えてきたんですか？

永山　二〇〇二年に立ち上げて、約半年後に最初のスタッフを入れました。その頃は二、三人で、その後しばらく四、五人でしたが、二〇一四年頃から一〇人近くに増えてきました。でも、一件大きなプロジェクトが飛んでしまえば一気に赤字だし、まだフワフワしてますよ。

それをずっと安定させ続けられればスタッフの基本給もアップできるのですが、現状はその年の業績が良ければボーナスで調整するということにしています。もう本当にギリギリで、毎回読めないんですよね。

西田　給料アップかボーナスかはどうやって決めているんですか？設計者は事務所経営のノウハウを習うことがありませんよね？

永山　色々な会社を見ている会計士さんに相談します。

西田　スタッフの方は、ゆくゆくは独立することを前提に入っていらっしゃるのですか？

永山　基本的にはそのつもりのようです。ですから、辞められる立場としては大変ですけど、いずれはいなくなると思っています。

西田　そうした事務所のあり方は、青木さんから学んだ部分も大きいのでしょうか。

永山　そうですね。青木さんの事務所は番頭を一人置いていますが、基本的には独立志向の高い人を入れて、時々入れ替わるのが当たり前になっています。そうすることで、時代ごとに少しずつ雰囲気も変わっているようです。

西田　経営的な状況により、スタッフを採れるときと採れないときがありますよね。採用について、何かしら気にしていることはありますか？

永山　やはり卒業シーズンの四月あたりに優秀な子が多く応募をしてくれるから、なるべくそこで採用しています。それでも、見込んでいた仕事がなくなるかもしれないし、調整が難しいですね。

でも今のところ、すごく大変な状況になったことはなくて。私の現在のやり方では、最大一五人ぐらいだと思っています。

子育てとの両立

後藤　永山さんはお二人のお子さんを子育てしていらっしゃいますが、仕事とプライベートの両立について教えていただけますか？

永山　三五歳で一人目の子どもを産んだときは、大変でした。最初の何カ月かは事務所の隣のマンションに子育て室を借りて、そこに子どもを連れて行き、事務所と行き来しながら仕事したんですけど、さすがに無理があって、その後は親に頼んだり、友だちのベビーシッターに頼んだり。その後は毎日一時保育を渡り歩いて。ありとあらゆる方法を総動員させて、どうにかしてました。

後藤　僕も子育てをしているので、その大変さは想像できますね。

永山　朝一番にやることが、電話を四台ぐらい並べて、一時保育の予約の電話を掛けること。四月生まれだったので、それを一年ぐらいやってましたね。

とにかく結婚してすぐに子どもができたので、計画をしている間もなく、やるしかないみたいな。ようやく保育園が決まったら、保育園の送り迎えがあって七時頃には帰らなければいけないので、とにかく効率的に仕事をすることを考えてました。

後藤　スタッフに要求する仕事の内容は変わりましたか？

永山　かなりの部分を任せるようになりました。前は自分でプレゼン資料をつくったりしていましたが、なるべくスタッフが作成したものをチェックする体制にして。そうやっていくうちに、効率が上がってきて、受注する仕事の量も増えました。

西田　つまり、効率＝スタッフの成長ということですか？

永山　それはあると思います。私が「すまん！」みたいな感じで帰っちゃいますからね。

西田　子どもがいるとだいぶお金が掛かりますよね。その不安はありませんでしたか？

永山　ありました。うちの夫はアーティストで、ちょうど子どもが一人目のときに、もっとアートに打ち込むと言われてしまい、金銭的にはかなり不安がありました。子育てのために仕事を縮小しようと思っていたのですが、逆に「これは私が働くしかない！」という状態に追い込まれた感じでした。

とにかく母をはじめとする色々な人の助けを借りて、どうにかやってきました。下の子は三歳まで実家にいましたし。

西田　そうなんですね。

永山　とくに母は専業主婦でありながら、働く女性を応援したい気持ちが強い人なんです。それこそ「豊島横尾館」（二〇一三年）の話が来たのはちょうど一人目が生まれる直前のタイミングだったので、引き受けるべきかかなり悩みましたが、母に相談したら「大変なと

▲▲ 上下とも「豊島横尾館」(設計＝永山祐子建築設計、2013年)

ころは全部サポートしてあげるから引き受けたら?」と言われて、引き受ける決心がついたんです。

その後も大きな仕事があるたびに、母に負担を掛けてしまうので、いちいち報告しています。

西田 「子育てをしながら建築するには、とにかく頼れるところに頼るのが大事」なんて、インターネットにも建築雑誌にも書いてありませんからね。

永山 そうですね。本当に綺麗ごとは言ってられない状態でした。

後藤 永山さんはスーパーな方だと思っていますが、読者の身に問題が降り掛かってきたときには、誰でもトライ&エラーでどうにかできるものでしょうか?

永山 と思います。やるしかないみたいな感じで(笑)。

仕事が趣味!

西田 最後に建築を学ぶ若い方にメッセージをお願いします。

永山 そうですね。安定なのか、それとも生きがいなのか、どこにゴールを設定するかが大事で、私としては、「せっかくなら、ワクワクすることをやろうよ!」と言いたいですね。確かに金銭的にスリリングではありますが。

後藤　自分が運営している求人サイトに情報を出してくださる方々から話を聞くことがあるのですが、たとえば残業が少ないということを明記したら応募が増えたということも。時代の風潮を感じますね。

永山　私なんかは、子育てと仕事を比べたら、仕事のほうは趣味みたいな状態です。「仕事ができる? やった!」みたいな。もちろん子どもは好きなんですよ。でも、思うようにいかないし。仕事は自分でハンドリングできるじゃないですか。

後藤　仕事が楽しいっていうのは一番いいですよね。

永山　そうですよ。安上がりじゃないですか? ほかに趣味ないし。

西田　お金ももらえるしみたいなね。

永山　昔、よくインタビューで「趣味は?」と聞かれて、「趣味は仕事です」と言うのが、すごくつまらない人間みたいで嫌で、適当にでっち上げたりしてました。でも今聞かれたら、「〈仕事は趣味〉でいいや」みたいな感じです(笑)。

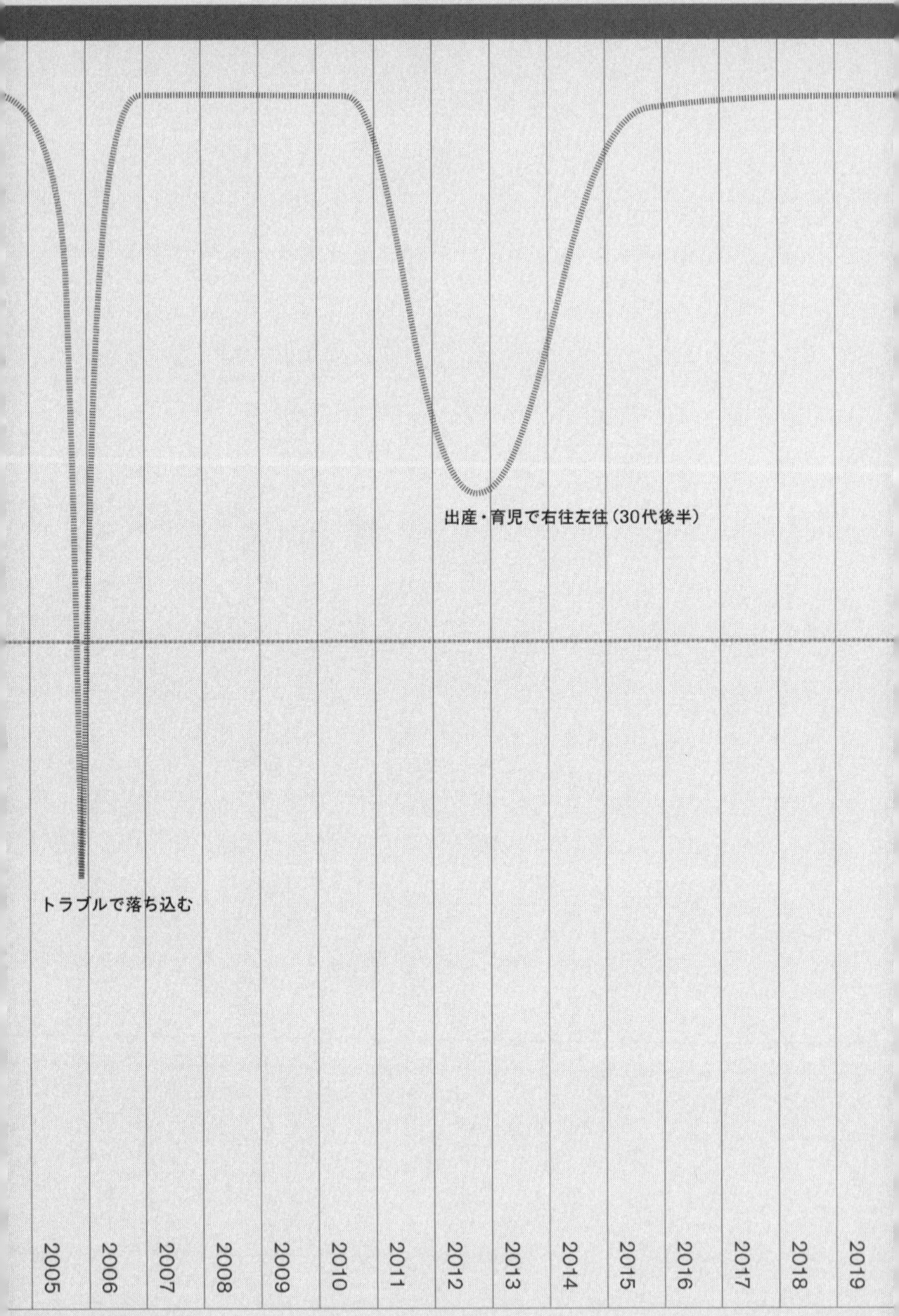
出産・育児で右往左往（30代後半）
トラブルで落ち込む
2005
2006
2007
2008
2009
2010
2011
2012
2013
2014
2015
2016
2017
2018
2019

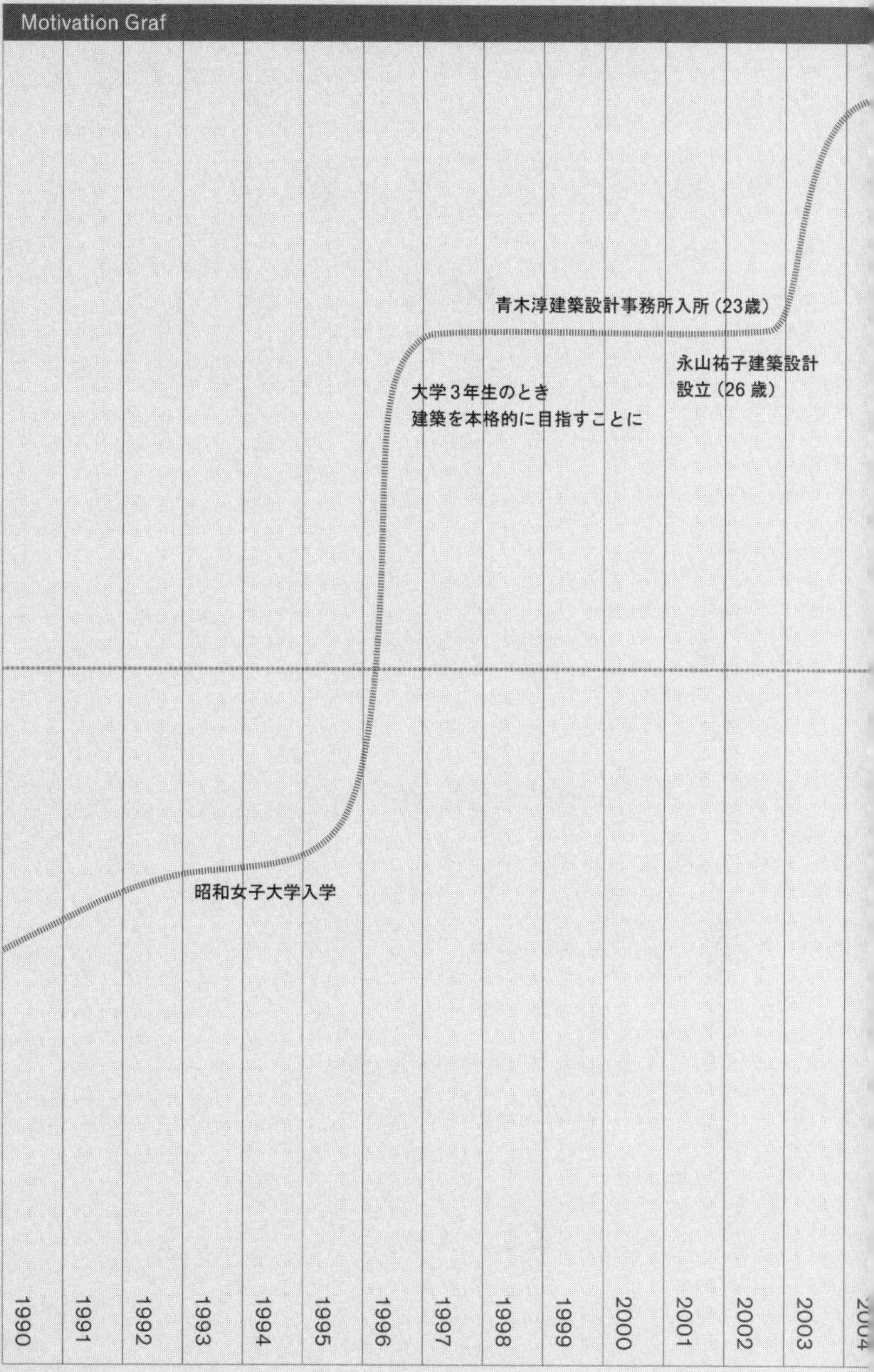
Motivation Graf
青木淳建築設計事務所入所（23歳）
永山祐子建築設計
設立（26歳）
大学3年生のとき
建築を本格的に目指すことに
昭和女子大学入学
1990
1991
1992
1993
1994
1995
1996
1997
1998
1999
2000
2001
2002
2003
2004

interview2

繋がりを大切に、熱中しながら進む

鈴野浩一［トラフ建築設計事務所］

遥か先を見るより、足元を少しずつ固めながら進んできた鈴野さん。繋がりを大切にしながら、プロダクトから建築まで、どんな仕事も一つひとつ熱中して取り組んできた。そんな意識がモノから都市へとアプローチするトラフ独自の世界を生み出している。

1973年神奈川県生まれ。1996年東京理科大学工学部建築学科卒業。1998年横浜国立大学大学院工学部建築学専攻修士課程修了。1998〜2001年シーラカンスK&H。2002〜03年 Kerstin Thompson Architects (メルボルン)。2004年2月〜(株)トラフ建築設計事務所共同設立。現在、同事務所共同代表、京都精華大学ならびに立命館大学客員教授、東京藝術大学ほか非常勤講師、グッドデザイン賞審査委員。

足元を少しずつ固めて

後藤　建築家になろうと思われたのは、いつ頃でしたか。

鈴野　最初に思ったのは、小学校の高学年でした。家庭教師だった横浜国大の建築学部生がもって来てくれる模型を見るのが好きだったんです。元々図画工作が大好きで、夏休みの宿題ではその先生につくり方を教えてもらって、スチレンボードで実家の模型をつくりました。瓦一枚一枚まで再現したので、家のリフォームで来ていた設計者が驚いてくれて、学校でも褒めてもらいました。そんなところから建築家という職業を知って「大学なのに図画工作ができる建築学科に僕も行きたい！」と思いました。

一時は鉄腕アトムをつくるような科学者もいいなと思っていたのですが、高校生になってもそのときの記憶が強かったので、やはり建築を目指すことにしました。

後藤　高校卒業後、東京理科大学の建築学科に進学されて、当時どのような方がまわりにいらっしゃいましたか。

鈴野　菊地宏が同学年でした。当時は一学年に一〇〇人ぐらい在籍していたので、設計課題の講評会では成績のいい学生しか発表できず、選から漏れると点数を付けられて終わりなんです。だから競うようにして設計課題に取り組みました。頭が擦り切れるくらい考えましたが、毎回、菊地やほかの同級生がもってくるものに頭をガンと叩かれる思いがして。まわりからは大いに刺激を受けましたね。

後藤　そういった切磋琢磨は、誰にとっても重要ですよね。

鈴野　その通りですね。また、海外に建築を見に行ったのもいい経験でした。本物を見て感動したことが、のちに建築の道を目指すうえでの原動力になったと思います。菊地と一緒に行ったのですが、インターネットが普及していない時代だから、『a+u』に掲載された写真を見て「あ、この木がここらへんにあるから傍にありそうだ」とか、あやふやな情報を根拠にして探しながら行くので大変でした。

後藤　アルバイトはどんなことをされてましたか。

鈴野　美味しい賄いが目当てで、ジャズバーのバーテンをずっとやってました。蝶ネクタイをして、シェーカーを振って。ただバイトの間は暇な時間も多かったので、小さな紙にスケッチを描いていましたね。

後藤　じゃあアルバイトしながら常に建築のアイデアを考えているような学生だったんですね。

鈴野　はい。山本理顕さんの事務所にもアルバイトに行ってました。実家が横浜だったこともあり、大学院は横浜国大の都市計画の研究室に進学したんです。デザインは好きだから自分でも勉強できそうだと思って、むしろ建築を取り囲む都市の研究をしようと、小林重敬《しげのり》さんという都市計画家の研究室に入りました。そのかたわら、実践的な場でデザインも学び続けたくて山本理顕さんの所に行かせていただいたというわけです。その二年間は研究よりは山本理顕さんの事務所でお世話になっていたことのほうが記憶に残っています。

後藤　第一線にいる人が自分を追い込むようにデザインに取り組んでいるのを肌で感じることができるのは、貴重な経験ですよね。またそのデザインが社会的に価値を認められるさまを体感しないと、アトリエに行って、デザインに人生を賭けようという気は起こらないように思います。

学生時代から早いうちにプロの現場を見ることについてはどうお考えですか。

鈴野　それは良いことだと思います。そもそも卒業と同時に就職希望でいきなりアトリエに来られても、こちらは相手のことを全然知りませんから。アルバイトとして事務所に入ってもらって互いのことをよく知ってから就職を希望してもらうほうが助かりますね。

かと思えば世のなかにはポートフォリオができないとどこにも就職できないと思っている「ポートフォリオ浪人」みたいな学生もいるようですが、じつはこちらにとって、ポートフォリオはそれほど大事ではありません。

むしろコミュニケーション能力だったり、仕事の待ち時間に掃除をしてくれるような気遣いだったり、そういうところを良く見ています。

その人自身がアイデアを出せることも大事だけれど、スタッフの仕事はクライアントやボスとやり取りする時間のほうが圧倒的に多いですから、ボスがポテンシャルを発揮できるよう、用意周到に先回りしてくれる「引き出し上手」のほうが重宝される面もあります。

後藤　鈴野さんはどんなことを考えてアトリエに就職されたのでしょうか。

鈴野　僕は「せっかく六年間も建築を学んだのだから、せめてアトリエに就職して住宅を一件でも担当してみよう」と思ったんですよね。プロダクトやグラフィックも好きでしたが、それらはあとでもできるのではと思っていました。ですから、早く独立して自分でやろうという強い気持ちではなかったのを覚えています。

後藤　お話を伺っていると、鈴野さんは、ずっと先を読むより足元を少しずつ固めている印象があります。しかも固めた上にまた階段をつくっていくような感覚で、「今これをやったらいい」という状況判断を積み重ねていったのかなという気がしますね。

憧れのプロジェクトに携われたものの

後藤　シーラカンスK&Hに就職した経緯を教えてください。

鈴野　僕がバイトに行っていた頃、山本理顕さんは「公立はこだて未来大学」（二〇〇〇年）や「埼玉県立大学」（一九九九年）などの実施コンペを取りまくっていました。そのため二、三年上の先輩が徹夜して根を詰めている様子を横で見ていて、もう少しほかの事務所も見てみたいと思ったんです。

そこで、進路で悩んでいたところ見つけたのが、鳥取の「砂丘博物館」の実施コンペ（一九九六年）でした。原広司さんが審査員で、一等がシーラカンスだったんです。この案がすごく格好良くて。以前に中国を一人で旅したとき、砂漠が見たくて敦煌やシルクロードを訪れたことがあったくらい、砂漠の景色には心惹かれていました。とにかくこのプロジェクトに関わりたくてシーラカンスの門を叩いたんです。

当時のシーラカンスはちょうどC+AとK&Hにわかれる直前で、「砂丘博物館」については K&Hの堀場弘さんが担当されていたので、僕もK&Hに入社することになりました。

このプロジェクトに参加できることが決まったときはとても喜んだのですが、いざ始まると何やら雲行きが怪しくなりました。

というのも、このコンペは建築家を選ぶコンペであって、実施案を決めるものではなかったんです。しかも国立公園の敷地は環境庁の管轄なので、黒と茶色の切妻屋根にするように求められるところから始まりました。こちらの案は建物の大部分を地下に埋めて、砂丘との連続性をもたせるために屋根を緩やかな曲面にするというものでしたから、いきなり切妻屋根にしてしまったら、当初の案とは似ても似つかなくなってしまいます。

それでも二年半頑張って行政とのやりとりを続けて実施設計を終え、施工者も決まった途端に市長が代わって、結局プロジェクトそのものがいったん流れてしまったんです。その間、こちらは三人体制で進めていたのですが、確認のためしょっちゅうストップしてチームの空気は悪くなるし、かといって何もしないで待っていると一気に進むことがあるから、それなりに進めておかなければならないしで大変でした。そんな思いをしたにもかかわらず、実現しなくて。建築って本当に辛いと思いました。

後藤　シーラカンスK&Hでは、ほかにどんな物件を手掛けられましたか。

鈴野　辞める前に担当した小住宅では、とてもいい経験をさせてもらいました。すごくローコストだったので、僕は現場に張り付いて、何もわからないながらも職人と顔を突き合わせて施工を進めました。

近くで仮住まいをされていたクライアントとはよく顔を合わせていたから、その人のために建てているんだという実感がありましたし、建築が徐々に建ち上がってくるのを眼前にすることができたので、つくる喜びをひしひしと感じましたね。

後藤　現場のこともその経験で理解できたわけですね。でも、何も知識がないうちから現場に放り込まれるのを怖いと思ってる若い人もいるようです。

鈴野　ただ先輩に聞いたりすることもできますし、歯を食いしばって現場に対峙することで、逆にすごく早く成長できると思います。

友人と仕事をしたくてオーストラリアへ

後藤　その後、オーストラリアのメルボルンに行かれたんですよね。

鈴野　はい。ナイジェル・バートラムといって今はメルボルンでNMBW Architecture Studioという設計事務所を運営している友人に会いに行きました。

ナイジェルは、奥さんと一緒に来日し、いくつかの事務所に勤めたあとシーラカンスK&Hに入って、そのときに知り合いました。僕はまだ新人だったのですが、実施設計図や施工図を描かなければいけない状況でしたので、五、六歳上ですでに経験を積んでいる彼から色々教わって、とても刺激を受けました。

そこで、彼と一緒にもっと仕事がしたいし、オーストラリアの建築も学びたいということで、事務所を辞めてオーストラリアに行くことを決めました。

後藤 すごい決断力ですね。

鈴野 われながら不思議です。三〇歳手前だったので、ワーキング・ホリデービザを取って、メルボルンに行きました。とにかく彼と仕事をしたかったから、一緒に日本の実施コンペに取り組み、一カ月半ぐらいはどこにも行かず彼の小さなオフィスに閉じこもって没頭しました。コンペのテーマはパチンコ屋さんで、敷地は地方の郊外の設定でした。

僕は、個々人がいらなくなったモノを持ち寄って、パチンコの玉と交換し、パチンコで勝った玉をモノに替えたり、持ち寄ったモノをほかの人が持ち寄ったモノと交換することもできるリサイクルも含めた提案をしました。街のいろんなものが、ここをエンジンにしてぐるぐる回っていくような、そういうシステムです。

後藤 ずいぶんと時代を先取りした提案ですね。

鈴野 道沿いにパチンコ屋の敷地が設定されていたため、車でベッドや椅子も積んできて来訪するというイメージで。リサイクルを介して街とパチンコが繋がったら面白いんじゃないかと思って「パチンコぐるぐるバザール」と名付けました。

後藤　コミュニティを建築のテーマとして扱い、デザイン的に昇華させている意味で画期的ですね。

鈴野　ただハコをつくるだけではない、人と人との交流の拠点を生み出すような、街のあり方にまで発展するような、ソフトまで含めた提案でした。すごくやりたかったですね。残念ながらコンペは取れなかったのですが。

ナイジェルのことは今でも尊敬しています。僕が教壇に立っている立命館大学の講座にも毎年呼んでいますし、逆に彼が教鞭を執っているモナッシュ大学でのワークショップに呼んでもらうこともあるんですよ。

後藤　独立前に出会った友人関係が今でも続いているんですね。

オーストラリアでコンペを取る

鈴野　当時は英語がまったくしゃべれなくて、コンペに取り組んでいる間は、日本語を話せる彼の奥さんが通訳してくれたり、こちらの片言の英語に対してナイジェルが日本語で返してくれたりして、幸いにもコミュニケーションには困りませんでした。

ただそんな調子なので、コンペが終わったあとは、現地の事務所で働けるとはこれっぽっちも思っていなかったんですよね。

でもだんだん手もちの資金が寂しくなってきました。それでももう少し滞在したかったので、メルボルンから電車とバスで二時間ぐらいの温泉地にある和風旅館に、住み込みバイトの面接に行ったんです。自分でまとめたポートフォリオを見せながら自己紹介をしたら「そんなに建築が好きなら建築設計事務所に行ったら」とオーナーに言われて、改めて「その手があったか」と目から鱗が落ちました。

後藤　場当たり的に見えながら、情熱とちゃんとしたアウトプットがあるから、どんどん道が開けたのだという感じがしますね。

鈴野　オーストラリアの建築家を知らなかったので、ナイジェルに五人くらい紹介してもらい、結局カースティン・トンプソン（Kirsten Thompson）という建築家の事務所に行くことになりました。

カースティンの事務所には、プロジェクト単位の契約スタッフとして入りました。僕が担当したのは、植物園に併設されるビジターセンターの指名コンペです。当時は四、五人くらいの小さな事務所だったので、カースティンと打合せしながら、一人で担当させてもらいました。正直なところ、またコンペか、とも思いましたが、英語が不自由だからクライアントとのコミュニケーションが難しいという判断だったのでしょう。でもナイジェルと一緒に出したコンペ以来、一カ月半ほど何もやっていなかったので、とにかく建築を考えられることが嬉しくて、一七時を過ぎても一人残っていたり、家に帰ってもノートパソコンで仕事をしていたり。

そうしたら、そのコンペが取れたんです。これは実施設計もできるだろうと思ったのですが、「すぐに動くわけじゃないし、英語ができるスタッフがいるから、契約通りここまで」と言われてしまって。

後藤　うわあ、ショックですよね。はしごを外されたとは、このことですね。

鈴野　本当に悔しかったですね。メールで「自分の子どものように手塩に掛けて育てたプロジェクトなので続けて取り組みたい」と散々アピールしました。結局、一カ月契約を延長させてもらい、基本設計はまとめることができましたが、そこで契約終了となりました。

後藤　残念でしたね。

鈴野　でもコンペの最中には、カースティンがスケッチを目の前でどんどん描いてくれたのでアイデアのまとめ方を垣間見ることができたし、構造的なアドバイスをもらうためにアラップのオーストラリア事務所ともやり取りさせてもらい、いい経験ではありました。

後藤　その後、すぐに帰国されたのでしょうか。

鈴野　はい。ちょうどワーキング・ホリデーが切れるタイミングでしたから。

とにかくメルボルンでの一年の経験は、一〇年分ぐらいが凝縮していたように思います。それが今でも活きていると思いますし、オーストラリアから日本や自分を見るという新たな視点を得ることができました。日本の面白さと同時に奇妙さも浮き彫りになって、客観的に見られるようになりましたね。

トラフ結成のきっかけとなる運命のプロジェクト

後藤　帰国されたのちは、どうされてたんですか？

鈴野　色々な設計事務所にポートフォリオを出した結果、無事就職することができました。と同時に、都市デザインシステム（現・UDS）に入っていた大学の後輩から、ホテルCLASKA《クラスカ》の三室のリノベーションを依頼されたんです。本当に友達感覚で言われて、設計料も数十万円。でもこれが独立するきっかけになりました。

後藤　禿さんとの初ユニットですね。当時いろいろなメディアに頻繁に取り上げられましたよね。どのようなきっかけで発想されたのでしょう。

鈴野　最初に現場に案内されたとき、その場でアイデアが出てきました。すごく狭い部屋なので、こんなところで壁のシャンデリア形の切り込みが照明代わりに光ったら面白いなとか、モノが壁に納まったら面白いとか、そういうアイデアをその場で話したら「じゃあやってよ」と言われたんです。

ちょうど一カ月前に新しい事務所に入所したばかりだったので、こっそり隠れて夜な夜な図面を描いて進めました。社員旅行も連れていってもらったし、コンピュータまで自分用のを買ってもらったから、辞めるなんて言えなくて。でも打ち合わせにも行かなければならなくて、困りました。

ちょうどその頃に、シーラカンスK&Hの同期の後輩で知り合いだった禿と再会しました。禿はその頃、青木淳さんの事務所から独立したばかりだったので、軽い気持ちで誘ったんです。禿は代々木上原の「トキワ荘」建築版みたいな、若手建築家が集まってるアパートに事務所を構えていたので、週に一回はそこに行って一緒に設計しました。二人で肩を並べて小さいプロジェクトに思いっきり力を注いで、楽しかったです。

その結果できたのが「テンプレート イン クラスカ」（二〇〇四年）です。壁一面の突板に設けられた様々な形の穴に家具や衣服、ホテルの備品がすっぽり納まるようになっていて、ソニーのAIBOが入る穴も設けました。

▲▲「テンプレート イン クラスカ」（設計＝トラフ建築設計事務所、2004年）

この部屋を使って映像やCMを撮影することになったので、デザインした建築家の名前が必要になり、トラフという名前が生まれました。禿とのユニットはこのときだけだと思っていたので、名前なんか決めるつもりは全然なかったのですが。

でも都市デザインシステムの社長が見に来てくれて、CLASKAの屋上に設けた多目的スペース「テーブル オン ザ ルーフ」（二〇〇四年）のプロジェクトや、都市デザインシステムが当時手掛けていたほかのプロジェクトにも推薦してくれ、ユニットの仕事が続いていきました。

後藤　その場その場でやれることに全力を尽くすことで、道が開いていくんですね。

鈴野　そういう感じはありました。先のことを考えてもわかりませんでしたから。だって設計料数十万の仕事が来たからといって「じゃあ独立しよう」とは思いませんよね。

二人の関係

後藤　トラフの登場は、アトリエ・ワンやみかんぐみが台頭してユニット派なんて言葉が生まれた、もう少しあとでした。禿さんと鈴野さんの関係性はどのような感じですか？

鈴野　僕がスケッチを描いたりアイデアを出したものを、禿が具体的な設計に落とし込んでいくような関係です。もちろん禿だってアイデア出しからやるし、僕も細部まで詰めるのは好きですが。

後藤　「テンプレート イン クラスカ」から二人のチームワークやコンビネーションが生まれたのでしょうか。

鈴野　そうです。これでしっくりきたし、次の仕事が来るきっかけにもなったので、じゃあ次も一緒にやろうかといった感じでした。

禿は同じく明治大学出身の實神尚史《ほうじんひさし》さんと組んで学生コンペに出しまくっていたので、このコンビでそのまま設計活動を続けるのかと思っていたのですが、たまたま「テンプレート イン クラスカ」で誘ったのが縁で、このまま来てしまいました。

後藤　僕が京都工芸繊維大学でゼミに入った建築評論家のエルウィン・ビライさんがヘルツォーグ＆ド・ムーロンと親交がある方なので、よく話を聞いていたのですが、彼らも役割が多少違っているそうです。そういった関係性があるとチームはうまく運営できるのでしょうか。

鈴野　僕らの場合は短期型か長期型かの違いも大きいと思っています。僕は瞬発的に動いたり人と会ったりするのが得意で、それが次のプロジェクトにも繋がっていきます。禿はコツコツと長距離的に走っていけて、その走り自体も楽しめるタイプ。そういう違いがあって、うまくいっているように思います。

小さなモノからつくり都市までアプローチする「逆アプローチ」

後藤 「テンプレート イン クラスカ」はかなりプロダクト的なデザインですが、それまで建築設計ばかりを手掛けられてきた鈴野さんが、どのように発想をシフトされたのでしょうか。

鈴野 このときは本当に何の戦略もなかったし、最初は面白いものができればと思っていました。

ただ、これまで抽象的な形を求める建築教育を受けてきましたから、いざ設計を始めたら、こういう具象的な形を与えるとすぐ飽きられてしまうのではないかという恐怖を覚えました。

建築はすべての形に意味が求められますから、たとえば「コストが上がるのに関わらず、何のために曲面にするのか」という問いにも答えられなければならない。それはクライアントの資金で建てる以上、当然のことです。ですから最後に〝テンプレート〟の全部の穴を四角などで抽象化しようかと迷ったほどです。

こうして悩みつつ、建築の常識も乗り越えたくて。実現してみれば、形や色に機能性では説明がつかないところはあっても、それが高揚感や心地よさに繋がっているので「これはありだったな」と思っています。

後藤　「テンプレート イン クラスカ」以前は家具を自分でデザインしようという志向はあったのでしょうか。

鈴野　それはないですね。プロダクトも好きではありましたが、シーラカンスK&Hはショップやレストランのようなインテリアデザインだけの仕事を手掛ける事務所ではないし、置き家具についてはオリジナルのデザインを外部に頼むほどでした。僕も自然と、ずっと建築の王道を歩んでいくように思っていました。

だからこそ、「テンプレート イン クラスカ」の現場はインテリアというより、純粋に敷地として見ることができたように思います。「こういう条件の敷地で問題を解いていく」という感じですね。とにかく収納が限られているので、リモコン置きやドライヤー、椅子、そのほか滞在客が持ってくるであろうものをリストアップして、そこから考えていきました。

これはトラフがTOTOギャラリー・間（以下、ギャラリー・間）に出展したときのテーマ「インサイド・アウト」にも繋がりますが、建築設計の立場で考える空間認識は、都市計画が先にあって、建築、インテリアと続き、最後にモノや人が入るという順序ですよね。インテリアデザイナーより建築家のほうが偉いとか、建築家より都市計画家のほうが上にあるとか、そんな強烈なヒエラルキー意識には、たまらない窮屈さを感じていました。

それに、人にとっては建築や空間は風景でしかなくて、モノのほうが大事でしょう。女性だったらドライヤーは何を使っているかが大事かもしれない。

ですから、まずはモノを尊重して決めようと。それから、その〝テンプレート〟をつくっていきました。たとえばテレビだったら、CLASKAの建物全体を鄭秀和さんが設計しているから、鄭さんがデザインしたテレビをセレクトし、そしてそのアウトライン＋五ミリのシルエットに合わせて壁面に穴を開け〝テンプレート〟をつくるわけです。

このときの「モノを先に決めて、その寸法や形をデザインにフィードバックする手法」がほかにも適用できることに気づいて、今では「逆アプローチ」と呼んでいます。小さいモノからつくり最終的に都市へアプローチするという考え方ですね。

そこに収斂したのは、「テンプレート イン クラスカ」のあと、五年間ぐらいCLASKAに事務所を借りて、周辺の街の変化を目の当たりにしたからなんです。裏手に面白い本屋やコーヒーショップが増えてきて、始めは点だったのが線になり、さらには面になってくる。そんな光景を目にして、小さな一つの建物が都市に影響を与えるのだと気づきました。

またロビーで打ち合わせしたり、「テンプレート」を実際に案内したり。屋上に上がったり、ほかの方がインテリアを担当した部屋やスイートルームを見せてあげたり。鄭さんのデザインしたインテリアがすごく勉強になって、一つひとつじっくり学んでいった感じがあります。自分たちがつくったものの周辺で過ごした五年間で、さまざまな観点が育まれましたね。

後藤　〝テンプレート〟の具象的な形に悩まれたということですが、建築教育が抽象度の高いデザインを好む傾向は確かにありますよね。一方で建築の外側にいる人たちが好むデザインって、またちょっと違うところにポイントがある。

トラフのお二人が、その構図をメタ的視点で理解できているからこそ、「空気の器」やプロダクトのアイデアが世に受け入れられるのだろうと思います。

そこに至ったのは、「テンプレート イン クラスカ」のプロセスと、CLASKAでの五年間が大きかったんですね。

設計事務所でプロダクトデザインを手掛けること

後藤　その後、いくつも手掛けられているプロダクトデザインについて教えてください。

鈴野　最初に関わったのは「江戸意匠」といって、伝統技術をもつ名工とデザイナーが組んで新たなプロダクトを生み出すプロジェクトでした。

ここでの試み（「キリコ　ボトル」二〇〇七年）ではいい作品ができたと思いますが、こういうプロジェクトは、よほどしっかりしたプロデューサーが商品を売り出してくれないと、職人もデザイナーもボランティアになってしまい、疲弊してしまいますね。

そういうプロダクトデザインの大変さが身に染みたあとに依頼があったのが、「空気の器」（二〇一〇年-）という、紙の加工や印刷の技術を商品化に繋げているかみの工作所がもち掛けてくれたプロジェクトです。かみの工作所とコラボした建築家から、きちんと販売まで手掛けてくれる会社だという話を聞いていたので、信用できそうだと引き受けることにしました。実際に、商品ができてから営業の人を増やし、意匠登録もしてくれました。

もともとは、かみの工作所がAXISで「トクショクシコウ展」（二〇一〇年）という展覧会を開催した際に、「緑」というお題だけ与えられて制作したものです。印刷ではＣＭＹＫの四色の判に分け、それの重なりの組み合わせで色を出すと聞いて、それをコンセプトに

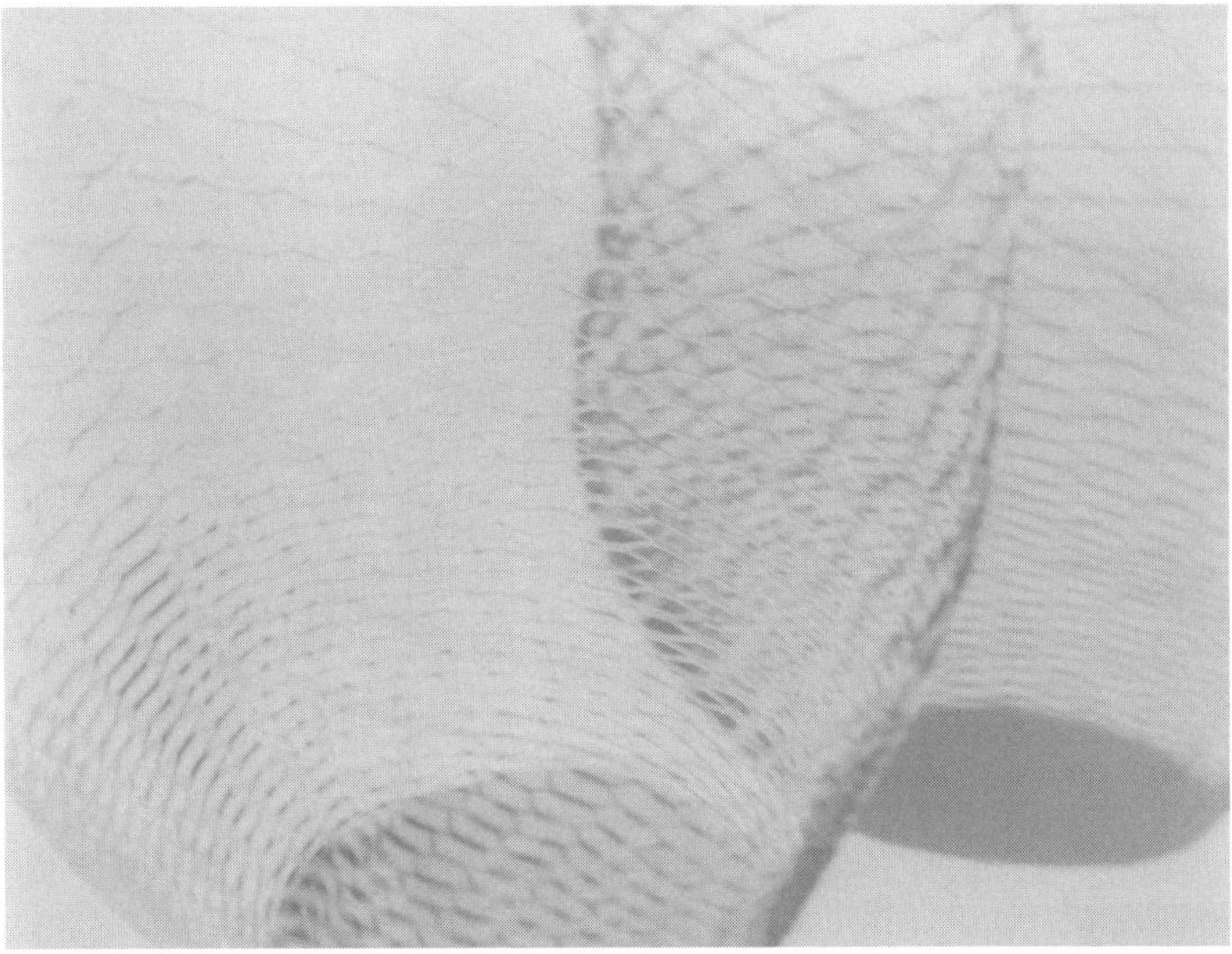

▲「空気の器」(デザイン=トラフ建築設計事務所、製造・販売=かみの工作所、2010年)

▲「空気の器(BLACK & WHITE PATTERN)」(デザイン=トラフ建築設計事務所、製造・販売=かみの工作所、2011年)

しました。印刷では黄色と青のドットが近くにあれば緑に見える。だったら黄色と青から緑をつくろうと思いました。また紙は二次元だから、これで三次元をつくろうと。その二つの要素を別々にスタディして合わさったのが「空気の器」というわけです。

プリントアウトしてはカッターで切るという作業を繰り返し、最初は一センチ幅だったものを少しずつ細くしていき、紙の重さで閉じてしまわず、広げた時に自立する幅を探しました。一ミリ位で自立したので、「建築ができた」と。

通常、僕らは小さいスケールの模型でスタディするので、一分の一でスタディできるのは楽しみでもあり、恐怖でもありました。というのは、紙のプロダクトの場合、大理石のようなもともとの素材自体に価値があるものではなく、比較的安価なものに価値を与えることになるので。さらに自分たちの手でつくるものが千円、二千円で売れるのかという難しさがあるのです。ここでは正にデザインは付加価値と言えますよね。

後藤　確かにそうですね。ところで鈴野さんは「空気の器」などのプロダクトを手掛けられて、ビジネス的な視点で良いことはありましたか?

鈴野　そうですね。情報の広がり方が建築とは各段に違うので、建築関係以外の方々にも名前を覚えてもらえます。世界中のミュージアムショップに置いてくれているので、僕らのことを知らない人にも、「空気の器」が名刺代わりになってくれています。

後藤　そういった副次的効果があるんですね。

僕もオンラインショップでバッグを売っているので、プロダクト、すなわち量産品の世界の仕組みがだんだんわかってきました。建築の設計料はイニシャルコスト的な扱いで竣工したときに支払われますが、量産品の場合はロイヤリティとして支払われる場合もあるし、自分で販売まですればデザインが継続的に利益を生み出すストックになっていきますよね。たとえば長坂常さんも初期のころは自主的に椅子をつくったりして道を切り開いています。

建築は基本的に依頼されてからのスタートですが、プロダクトなら依頼されなくても、オリジナルで考案して自分で生産や販売までできるので、事務所を立ち上げた人が取っ掛かりとして始める仕事としても、とてもいいと思うんです。

鈴野　そういうのもありだと思いますね。僕らは石巻工房ともコラボレーションしていて、そこで考案したベンチ（「AAスツール」二〇一二年）もデッキ材だけ買ってきたらつくれるようなシンプルなものですが、アイデアさえ認められれば世界中で販売してくれ、ロイヤリティになりますからね。

後藤　建築だけではなくプロダクトにも並行して取り組むことで、経営もうまく回っていくのなら、こんなにいいことはありませんから。建築士は建築〝だけ〟を仕事にしなきゃ

▲「AAスツール」(デザイン＝トラフ建築設計事務所、製造・販売＝石巻工房、2012年)

いけないなんて誰も言ってないのに、そう思いこんでる人が多いような気がします。チャレンジする心があれば何でもできるじゃないですか。それが生き残っていくうえで重要な精神だと思います。

建築家が住宅を設計すればするほどリスクがストックされていくと言った方がいました。たとえば建物の予期できない不具合についても、竣工後、電話があると無料で見に行きますよね。工事が必要になれば建設会社にはお金が入るけど、設計事務所には入らない。そういう状況を僕は改善したいと思っています。そのためにも、プロダクトのような仕組みを建築の世界にもって来られればと思うんですよ。

鈴野　そうですね。ロイヤリティという考え方は、デザイナーを守ってくれるものです。ただ良いデザインだから必ず売れるというわけではなく、営業や情報の伝え方などと一体に考えなくては成功しないのが難しいところです。実際に、僕らも店の中でどう見せたらいいかという検討をしていますし、それが自分たちの店舗設計にも参考になっています。

後藤　多面的な形でフィードバックがあるということですね。

建築家が手掛ける仕事もリノベーションのようにスケールが小さくなっているという時代の流れがあり、インテリアもプロダクト的に構成している作品が多くなっている気がします。そういった意味でもプロダクトを知ることは、建築家にとっても重要ですね。

鈴野　そうですね。学べることがすごく多いと思いますし、新たな発見があると思います。

プロダクトと建築をフラットに見せた展覧会

後藤　二〇一六年にはギャラリー・間で展覧会「インサイド・アウト」を開催されました。

鈴野　僕らはあまり建築をつくっていないので、いわゆる建築の王道から外れているし、建築家の方からはあまり評価してもらっていなかったと思うのですが、そんな僕らを取り上げて展覧会をやってくれたことがとても嬉しかったです。

あとで聞いたところによると、デザイナーの原研哉さんが推してくれたそうです。家具やプロダクトの枠を意識した依頼だったと思います。

後藤　原研哉さんはアンテナの張り方が広いですものね。

鈴野　僕らにとってはこれ以上ないチャンスでしたし、「建築の展覧会って一般の方には難しいだろうな」とも思っていたので、思いっきり遊んでやろうと企画しました。

僕らはいつも敷地から設計するので、まずは会場の場所の特性を引き出したいと思いました。ギャラリー・間は、ビル三階の会場に入ってから中庭に出て外階段から四階に上り、

▲ TOTOギャラリー・間で開催された展覧会「インサイド・アウト」(2016年)

また外階段を下りて三階に行かないと帰れないという条件があります。つまり四階に上った観客は三階にある展示を二回見ることになるので、二回目には違う意識で見るように仕向けたいと思いました。上階で上映されている映像でコンセプトを理解すると、つい先ほどまではモノが並んでいるとしか思えなかった三階の展示が、ランドスケープや街の模型にしか見えなくなっているというわけです。

会場に展示した模型は事務所いっぱいに広げてつくっていたので、仕事は端っこでやりながら、音や映像も全部自分たちで編集して、二～三カ月延々と模型と格闘しました。鉄道模型（Nゲージ）のジオラマはスケールが一〇〇分の一くらいですから、部屋いっぱいの模型をつくり込もうとすると、つくってもつくっても終わらないんですよ。

後藤　あれはどういう発想から生まれたアイデアですか。

鈴野　プロダクトや家具は原寸で展示できるのですが、そうすると建築やインテリアの模型が弱く見えてしまうんです。ですから、両方を貫通したフラットなものの考え方を示したいという意図がありました。

クライアントとは長く付き合う

後藤 二〇一〇年のインタビューでは「領域を決めず千本ノックみたいに仕事をやってきたら、だんだん大きな仕事が増えてきたので、事務所として次のタームに入るかも」とおっしゃってましたね。

鈴野 千本ノックと言ったのは、カメラマンの新津保建秀《しんつぼけんしゅう》さんの影響があります。僕らは展覧会（新津保建秀 写真展「記憶」、二〇〇二年）を手伝ったことがあって、彼がアイドルも撮ればアートも撮って、とにかく頼まれるものを何でも受けてきたという姿勢に刺激を受けたんです。

だから僕らも、まずは断らないようにしています。さすがにサッカーボール（「CMYK」二〇〇八年）や結婚指輪（「gold wedding ring k18」二〇一二年）のデザインを頼まれたときは「建築家なんだけどな」とも思わないでもなかったですけどね。でも結婚指輪も建築的な発想で考えデザインすることができました。一八金の上にシルバーをメッキして、経年変化で地肌の金が出るというコンセプトです。

後藤 引き渡した段階が始まりだという、まさに建築的な発想ですね。

鈴野 はい。そういう建築的発想をプロダクトまで拡張できた面白い経験もあるので、大きいものだけでなく、小さい仕事もやりたくなりますね。すごくいい出会いがあるかもしれないし、クライアントもたくさん建築家がいるなかから選んできてくれているわけだし、どんな結果があるかわからないと思うと、仕事を断るということ自体が難しいですね。

後藤 出会いを重視されているのですね。

鈴野 そうですね。以前は事務所を回すための仕事を受けているときもありましたが、今はクライアントも含めていいチームをつくれることが大事だと思っています。仕事を抜きにしても飲みに行けるような関係性のなかで、はじめていいものができるし、仕事にも愛情を注げると思うので、それを判断基準にして仕事を決めています。

後藤 プロセスが楽しくなくて、良いアウトプットができることはあり得ませんからね。

鈴野 たとえばイソップの仕事をやっていると、それに近いコンセプトのスキンケアブランドから依頼されることもありますが、そういうものはお断りしています。それであればイソップと長く付き合ってお互いに成長していける環境をつくったほうがいい。イソップやNIKEとはそういう関係が長く続いていて、今ではブランディングに関わるような仕事もいただいています。

後藤 一回限りの報酬だけで仕事を判断しないで、ちゃんと情熱を注げば、それが後々まで続くものに育っていくのですね。

▲▲ 上下とも事務所内部。オブジェや資材が溢れている

今まで自然体で来られているような印象を受けましたが、とくに今後これをやりたいという展望はありますか。

鈴野　人との出会いのなかでやっているので、とくに長期的な展望はないですね。「テンプレート イン クラスカ」以降、とくに営業活動はしておらず、いただいた一つひとつの仕事が次に繋がってきました。

たとえば都市デザインシステムからはCLASKA関連の別の仕事をいただきましたし、「回転体」（二〇〇四年）と名付けたショールームのリノベーションは、シーラカンスK&Hで担当した住宅の建て主が依頼してくれたものです。NIKEのプロジェクト（「NIKE 1LOVE」二〇〇七年）では偶然、三保谷硝子店とコラボレーションでき、いい経験になりましたし、施工のイシマルとも出会えて、今でもイシマルには施工をお願いしています。

クライアントに育ててもらう

後藤　今までずっと自然体で来られてるような印象を受けましたが、とくに今後に関して具体的な展望はありますか。

鈴野　長期的な展望はとくにないですね。人との出会いのなかでやっているので。
　現在の大きな仕事はリーガロイヤルホテル大阪の改修プロジェクトで、吉田五十八の原設計から何回も改修が加えられているものを、元に戻していこうという提案をしています。
　そこでも次に繋がる出会いがあれば、新しい切り口のプロジェクトや取り組みができるんじゃないと期待しています。クライアントに育ててもらっているところはあるかもしれません。イソップの製品の原材料に掛ける思いとか、エルメスのウィンドウに対する情熱とか、大きな刺激を受け、学ぶことも多い。

後藤　超一流と呼ばれるクライアントの仕事ぶりを見ることによって自分もステージがちょっとずつ上がっていくわけですね。

鈴野　そういうところはありますよね。引き上げられるというか。
　また、クライアントが色々な人と繋げてくれるし、自分にも経験が蓄積されてきて、交流がある様々なクライアントの「こことここを繋げられたら面白いのかな」と思ったりするのは楽しいです。

アトリエ事務所だから学べること

後藤　事務所の運営についてお聞きしたいのですが。スタッフの上に鈴野さんと禿さんがフラットにいるという図式ですか？

鈴野　そうですね。長く在籍している人はいますが、番頭はいないので、一〇人ぐらいのスタッフと僕ら二人という体制です。

外国から入りたいと来られる人も多くて、むしろスタッフ志望も日本人より外国人のほうが多いくらいです。外国人が三人いた時期がありますが、言葉の問題から日本のスタッフが施工などをフォローしなければならないのが大変でした。ただ違う文化背景の方がいると事務所にとって刺激になるので一人二人は常に在籍してもらえるよう意識しています。

後藤　どうして日本の若い志望者が少ないのでしょう。

鈴野　どうなんでしょう。どこの大学でもアトリエ志望者は少なくて、大きい企業にばかり行っていますね。アトリエは大手組織に比べると初任給は少ないですが、少し頑張って独立すれば、大きな企業に勤めるより高収入を得られる場合もありますよ。

トラフから独立した人も、スタッフ時代にできた企業との繋がりから仕事を広げて、どんどん活躍していますす。

大企業だから安定するかといえばわかりません。設計ができるとは限らないし転勤だってあり得るわけですからね。

後藤　僕も組織事務所に入りましたが、三〇分でマンションの住戸プラン一戸を考えるような世界に驚いたことは覚えています。

鈴野　大きいところで学んでから独立しようと考えていても、一度入ったら、守られている環境に慣れてしまって、なかなか辞められなくなるという話もよく聞きます。

後藤　鈴野さんが考える「アトリエ事務所だから学べること」とは何でしょう。

鈴野　やはり何から何まで一人で担当できることが一番のポイントです。スタッフに何件か一緒に担当してもらえば、もう一人で任せられますから。大きい組織事務所だと、オフィスばかりとか、窓割りばかりということにもなりかねないようです。

またクライアントと直接会って、直にやりとりしながら設計できることも大きな点ではないでしょうか。大きな組織だと、営業担当がクライアントと決めてきた内容を受けて設計するような段取りですからね。

後藤　そうですね。建築はほかのジャンルと比べて、様々な関係者との協力体制が必須だから、言葉遣い一つとっても大切なので、直接やりとりする機会の多いアトリエではコミュニケーション能力も鍛えられますね。また一通りのスキルを身に付ければ、たとえば椅子をつくるときにもそれが応用できます。

鈴野　本当にそうだと思います。

後藤　学生としては、ものすごく忙しくなるんじゃないかとか、そういうプライベートとの両立に不安を覚えるようですが。

鈴野　そうですね。僕らだってインプットも大事だと思っているから土日はしっかり休むようにしているし、時には休みだけど必要に応じて働くメリハリを重視しています。学生が何を求めているかが大切だと思います。

僕はシーラカンスK&Hに勤めてからは、学べるだけ学んで四年で独立してやろうという気になっていましたから、土日もなく働くことが苦とは思わなかったし、元旦しか休まずすぐ二日からコンペに取り組むことが逆に面白かったんですけどね。

自分が進んでやるのではなく、無理にやらされている仕事になってしまうと、どの会社に行っても辛いので、常に楽しんでやれるかどうかが大事だと思います。

だから学生には、今までの課題で一番没頭できたり、今までの人生で苦と思わないでやれたものは何だったかを思い出して、就職先を考えたらいいと言っています。誰もが建築家を目指す必要はないですよね。学生のときは設計課題が苦手だと、自分には発想力がなくて建築家になれないからと思ってしまったり、クリエィティブな道を諦めがちですが、照明デザイナーという道もあるしメディアに行く人もいるし、建築に特化したカメラマンもいる。建築学科から広がる色々な選択肢が、じつはたくさんあるんですよね。

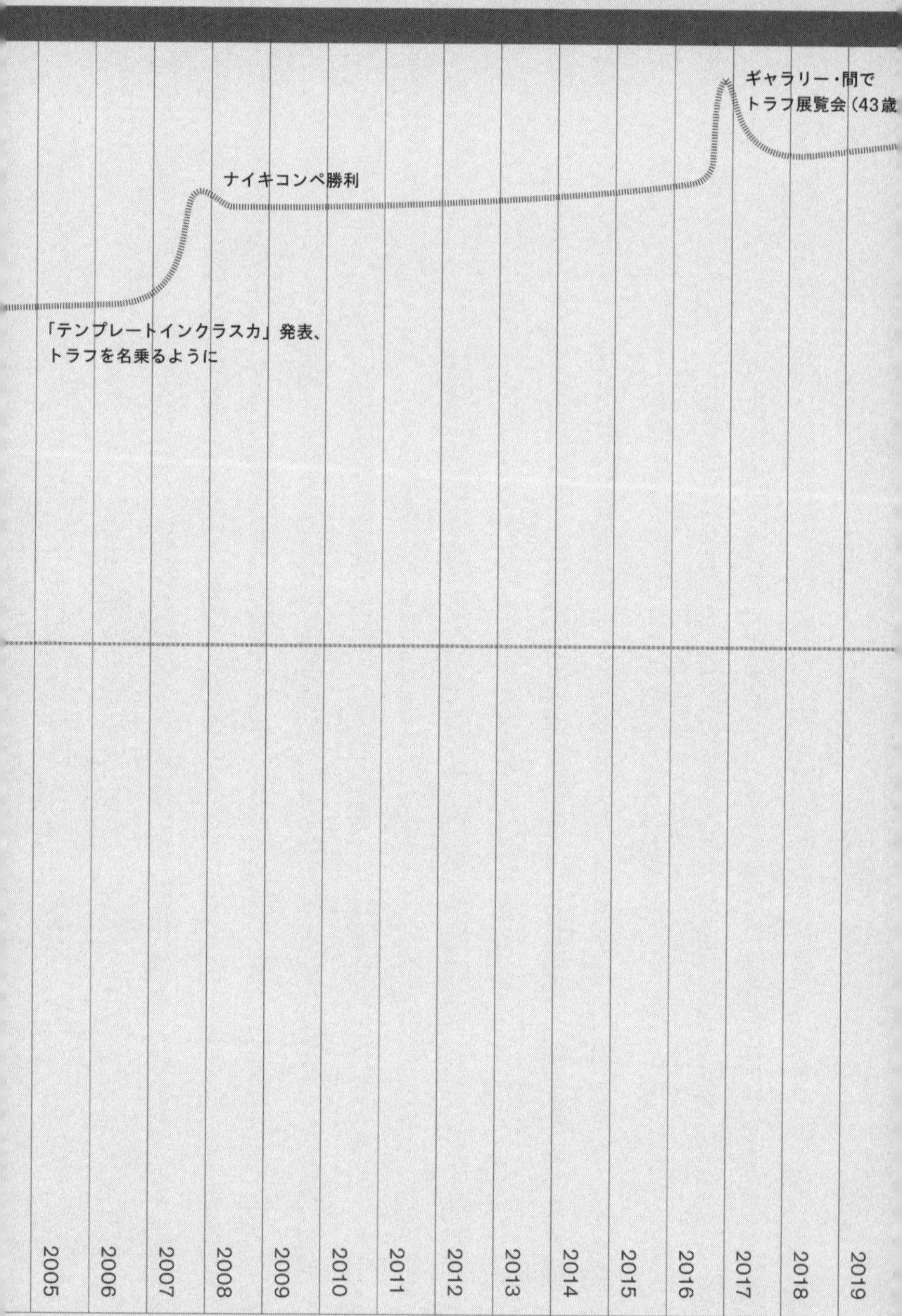
ギャラリー・間で
トラフ展覧会（43歳
ナイキコンペ勝利
「テンプレートインクラスカ」発表、
トラフを名乗るように
2005
2006
2007
2008
2009
2010
2011
2012
2013
2014
2015
2016
2017
2018
2019

Motivation Graf

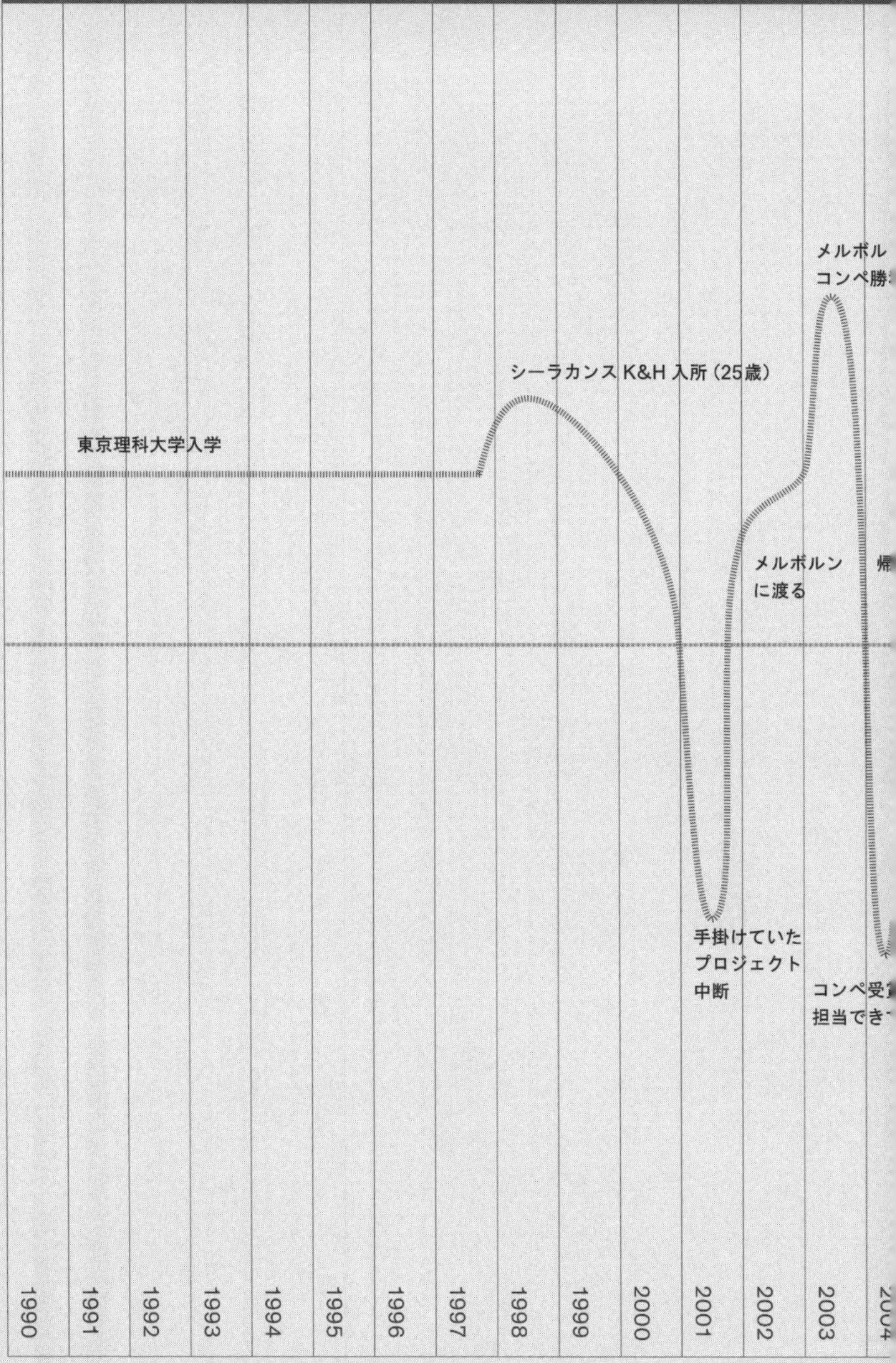

interview3

ニーズとキャリアから戦略を立てる

佐久間悠［建築再構企画］

学生時代には設計課題で褒められることも少なく、就職してからもうまく立ち回れず、独立直後にはリーマン・ショックの影響で仕事がなくなるなど苦労を重ねた佐久間さん。試行錯誤のうえ、社会のニーズとキャリア、そして前に出るよりサポート役がしっくりくるという性格を重ね「建物の法律家」という唯一無二の職能をつくりあげた。

1977年神戸市生まれ。2003年京都工芸繊維大学大学院修士課程修了。2003年〜06年古市徹雄都市建築研究所。2006年〜07年TYアーキテクツ。2007年佐久間悠建築設計事務所設立。2013年(株)建築再構企画に改組・改称。現在、同事務所代表。

「セコンドタイプ」だった学生時代

山崎　佐久間さんは京都工芸繊維大学を卒業されたんですよね。学生時代は、どのような学生でいらっしゃったのでしょうか。

佐久間　僕はあまり優秀な学生ではありませんでした。しかも優秀な同級生がまわりにいっぱいいたので、設計課題で高評価を得るようなことはあまりなかったのですが、卒業設計では、所属していた研究室の岸和郎先生が「こいつあんまりできないやつだったけど、できないやつなりに頑張った。その頑張りを認めてあげてほしい」と先生方の審査会で言ってくれたそうで、結果的に賞をいただくことができました。学校で評価されたのは初めてで、嬉しかったですね。

山崎　ちなみに題材は何だったのですか。

佐久間　敷地を貨物駅のあった大阪駅北地区の付近に設定して、専門学校の交流センターをつくるというプロジェクトでした。大阪駅周辺は専門学校が非常に多いのですが、学生の街という印象がない。そこで、彼らがアイデンティティをもてるような、専用のイベントスペースをつくるというコンセプトだったんです。

山崎　その着想を岸さんが評価されたということですね。

▲ 京都工芸繊維大学大学院の岸研究室の様子

佐久間　そうだと思います。その後、大学院に進み、岸先生の紹介で古市徹雄都市建築研究所に就職しました。

山﨑　当時の就職状況はかなり厳しかったですよね。何かしら就職先のイメージはあったのでしょうか？

佐久間　アトリエに行きたいとは思っていました。インテリアデザインに興味があったので、グエナエル・ニコラさんのところに行きたかったのですが、人が足りているということで、次にチャン・ユンホーさんの事務所に連絡したところ、そこでも人が足りていると言われてしまい、どうしようかと思っていた矢先に古市先生を紹介していただいたというわけです。

山﨑　古市さんのことはご存じだったんですか？

佐久間　はい。大学で先輩だった高橋寿太郎さんが勤めていらしたので、知っていました。ただ最初に担当させてもらった住宅で、大失敗してしまいました。先生がプレゼン模型を持っていくとき、プレゼンの要になるパーツを付け忘れて渡してしまったんです。現場でカンカンになった先生から電話越しにこっぴどく怒られました。

それ以来、何かにつけ怒られるようになってしまったんです。最終的にはクビになりました。それから辞めて直後は家電製品を段ボールに詰めるような派遣バイトを始めました。

バイト生活が一カ月続いて、就職活動をどうしようかと思っていた矢先に、大学で一緒だった木下昌大君がシーラカンスアンドアソシエイツ時代の先輩の知人が勤めているという設計事務所を紹介してくれたんです。

山﨑　それがTY ARCHITECTSだったんですね。

佐久間　はい。アメリカの有名アパレルブランドの店舗を設計している会社です。その頃、そのブランドが店舗を増やしていたので、人手を探していたんです。それが二八歳ぐらいのときで、そこに一年ほど勤めてから二〇〇七年に独立して、佐久間悠建築設計事務所という名前の事務所を立ち上げました。

山﨑　そうでしたか。それにしても、アトリエ事務所の人にとっては怖いですよね。クビなんてこと起こるんですね。

佐久間　そうですね。でもクビになって派遣バイトをしていても新たに設計の仕事を見つけることができたのは、ある程度、専門知識を身に付けられていたからかなと思いました。

山﨑　その頃は、もう結婚されていたんですよね。

佐久間　そうです。TY ARCHITECTSに勤めてまもなく結婚しました。

山﨑　結婚するときは先に対するビジョンなり、ご自身の行動の指針なり、何かしらあったのでしょうか。

佐久間　お恥ずかしながらじつはあまりなくて（笑）。木下君は自分のキャリアアッププランをきちんと想定するタイプでしたが、僕はそういうタイプじゃなかったし、自分がトップに立つタイプともあまり思ってなくて、当時はしばらく独立するとは思っていませんでした。

ちょっと話が前後しますけど、学生のときの設計課題も、自分が前に出るよりも人のサポートをするほうがしっくりきてたというか。自分の案でやるよりも人の案の良さを吸収するほうが面白かったし、一人でずっと考えなければならない通常の設計課題よりも、数人で組める卒業制作やコンペのほうが全然面白くて、自分の案を推したいというタイプではありませんでした。

当時は先生にも先輩にも、「そういうタイプは独立に向かないし、建築家になれないよ」と言われていて、違う道がないかとずっと考えていました。

思えば、今の仕事の進め方に、その頃考えていたことが生きていると思います。どちらかといえば、自分が思ったことを進めるというより、ほかの人に対してどうサポートできるか、といったことに興味があるんです。ゼロから何か生み出すタイプか、一あるものを一〇にするタイプかといえば、僕は後者なんでしょうね。新しい何かを生み出すよりも、今ある芽を育てるほうが性格的には合っている感じがしています。

山﨑　早くから、その意識があったんですね。

佐久間　そうですね。学生の頃から「僕は（格闘技における）セコンドタイプ」みたいなことをよく言っていました。

山﨑　でも、独立についてはセコンドタイプ的な選択をしませんでしたね。

佐久間　そうですね。派遣バイトでどうにかなったんだから、独立してダメでも、また何か生きてく道が見つかるかなと思って。実際、TY ARCHITECTSから、独立したあとも外注として仕事をもらっていたので、何となく生きていけるかなという感じがありました。

山﨑　独立のきっかけというのは何だったのでしょうか。

佐久間　木下君と仕事が終わってからとか週末にやっていた実施コンペが取れたんです。

とはいうものの、彼がもってきた仕事に便乗して独立したので、当初は二人でやろうかと言っていましたが、二人だけではまったく回らない規模だったので、彼が社員を雇うことになりました。そうなると、僕よりは社員を育てることが重要だろうから、現場監理の段階で僕は降りることにしました。

山﨑　木下さんとしては一緒にやっていくようなイメージがあったのでしょうか。

佐久間　最初はそうですね。だけど、上の世代のユニットを組んだ建築家の先輩達がうまくいかずに解散しているのを見てきたので、会社もお財布も別々にしようということだけは最初に決めていました。ですから、いつまでも一緒にやっていくつもりはお互いにありませんでした。

事務所設立直後にリーマンショックのあおりをくらう

山﨑　お一人で仕事をされるようになってからは、どうでしたか。

佐久間　最初は大変でした。ちょうどサブプライム問題やリーマン・ショックが続いて起きた時期で、本当に仕事がない状況が三カ月ぐらい続いて、奥さんの貯金を食いつぶすような状態になってしまいました。

山﨑　リーマンショックで仕事がなくなったと実感されている人って、かなり大きな資本が動いてるなかで仕事をしていた人の感覚ですよね。だって僕も同じ頃に独立しましたが、リーマン・ショックとかまったく影響がありませんでしたから。僕の世界には関係ないことだと思っていました。

佐久間　僕はそれまで住宅系にはほとんど携わっていなくて、保育園とか商業施設が多かったんです。大家がテナントへの貸し控えをし始めたので、出店を考えているのにテナントが見つからずストップする例が多くなってきて。当時、インテリア系設計事務所は割を食った感じでしたね。

そこで、きちんと自分の営業能力を磨かなければいけないなと思って、ドラッカーとかランチェスターなどの経営本を読み始めました。

それから、ベタな方法を一通りやったんですね。電話営業から飛び込みからダイレクトメールのポスティングまで。あとはウェブサイトを工夫したり。

でもあまり効果が出ないので、プロの営業マンはどうやっているんだろうと思って、無形の高額商品を売っている、保険の営業マンに見習いということで一緒について回ったりもしました。それでも、まあ仕事が取れないわけですよ。

山﨑　さすが、着眼点が違いますね。でも建築の設計って、本来できてもいない建築に対して契約してもらっているわけですから、保険営業と似てるかもしれませんね。営業はどういうところに向けて動かれていたんですか。

佐久間　最初は店舗系の不動産屋さんを片っ端から当たって引っ掛かるところに行きました。一方では、店舗などのサインのグラフィックをつくるような細かい仕事もやっていました。

メンターとの出会いが転機を呼ぶ

山﨑　現在の法規に特化したサービスを始められたのには、どのようなきっかけがあったのでしょうか。

佐久間　僕にとってメンターと呼べる人に出会ったんです。経営やマーケティングの相談をする、僕より年下の天才的な人です。

山﨑　何をされている人ですか。

佐久間　ウェブマーケティングの専門家です。割と大きな組織に勤めてて、一億円以上使ってやるような、大規模なマーケティング案件を扱ってらっしゃいました。

山﨑　どこで出会ったんですか。

佐久間　ロゴサインをつくりたい方がいるという紹介でお会いしました。そこでお話ししているうちに意気投合して、仕事の相談に乗ってくれるようになったんです。「まずはウェブサイトを頑張りましょう」とか「ツイッターをやってみましょう」とか「フェイスブックをやってみましょう」みたいな。

　また、ランチェスターの本に「差異化が大事だ」と書いてあったので、建築もインテリアも両方わかるデザイナーみたいな売り方をしようとして相談したら、「お客さんはそのサービスをなぜ佐久間さんから買わないといけないんですか」と聞かれて、僕はそれに答えられませんでした。つまり、お客さんが買いたいと思えないものを売ろうとしていたということですし、しかも「僕がどうしてもやりたいことがこれ」とも言えなかった。両方がすごくショックで。本当に悩みました。

そうしたら、「建築系で必要とされていることをインターネットで調べてみましょう」と言われて色々と調べたところ、あちこちで法的なところがかなりネックになっていることが見えてきたんです。確かに自分の仕事が頓挫する要因としても、用途変更にからむ法的な問題が結構ありました。

その頃、創造系不動産の高橋寿太郎さんが都内の不動産屋さんに勤めていて、すごく独創的な調査をやっていたんです。それは港区にある一〇〇物件について建築計画概要書と実物の建物と登記簿謄本を全部調べてみるというもので、どうやら一〇〇%適法の物件は一割程度しかないと。そこまで法規がネックになって前に進まないのであれば、ちょっと「畑を耕す」とこからやらないとまずいんじゃないかと思って、そのことをウェブサイトやSNSで発信し始めたら、それを検索してアクセスしてくれる人が出て来ました。

山﨑　ちゃんと必要としている人に届いたわけですね。

佐久間　そうなんです。そこで、メンターと相談しながらウェブサイトをつくり変えて、建築法規に特化した無料相談をやり始めたんです。そうしたら問い合わせがたくさん来るようになりました。

山﨑　いよいよ追い風が吹き始めたんですね。

佐久間　はい。建築士にとって法規の問題は面倒だしよくわからないところが多い。逆に弁護士さんに話を聞くと、建築基準法は複雑で専門性が高いから、建築の裁判には手を出したくないという話をされていて。これは、誰もやってないことなんじゃないかと思えたんですね。

そんなわけで業務内容の軸足を建築法規に移して、事務所名も「建築再構企画」に変えたんです。

山﨑　いやあ、すごい。経営戦略について相談できる人と巡り会えたことももちろんですが、ご自分ならではのポジションをよく見つけられましたね。

佐久間　そうですね。大手組織設計事務所やＰＭ会社であれば、法的コンサル部門をもっているので大規模物件のオーナーであれば彼らに相談できますが、町の小さなビルのオーナーは相談するところがありませんから。

山﨑　それにしても、そういうアイディアが浮かんだとしても、それをプロフェッションとして実行できるかどうかは別ですよね。だって、建築基準法はとても複雑だし、耐震の問題と用途変更ってかなり難しいから、経験がないとそこに飛び込んでいけないと思うんです。何らかのノウハウなり蓄積になり得る経験はあったのでしょうか。

佐久間　そうですね。一つは、独立してすぐに、前にいたTY ARCHITECTSのプロジェクトを手伝って、大規模の模様替えと用途変更の両方について確認申請を出さなければならないことがあって、いずれについてもあまりないケースだったので、ノウハウとして蓄積できたと思います。

TY ARCHITECTSはインテリアに特化した設計事務所で建築のことがわかる人が少なかったので、建築の設計事務所にいた経験が活きました。

山﨑　そのような自身の経験からピンとくるところがあったんですね。

佐久間　ありましたね

山﨑　なるほど。それを聞くと、人生って美しいですね（笑）。無駄が何もない。

佐久間　軸足を移すにあたって怖さはありましたが、やってることが普通の設計事務所と一八〇度違うかといったらそんなことはなくて、学生時代や所員時代に学んできたことがベースにあって、それがより密度が濃くなってるという感じでしたから、自分の手駒をちゃんと使っていけば、やれるだろうと思っていました。

山﨑　つまり自分の能力の磨き方をわかっているということですよね。それによって自分の人生を着実に前へと進めていって、結果的には人と違うポジションを取れている。美しい話として、これから独立しようと思っている人たちは勇気づけられるかもしれません。

鍛えられた案件

山﨑　自身の進む道が決まってから、難しい案件などはありましたか？

佐久間　はい。ずっと仕事を発注してくれているお客さんの、そのまたお客さんの家を改修設計するという仕事でした。それだけでも胃が痛かったのですが、すごくややこしい案件で、最初に建てた木造二階建てについては竣工検査を受けているのですが、増築については、確認申請は出しているものの、完了検査を受けてないというものでした。

実際に見てみると、道路と反対側にある川に面した法面にＲＣ造の半地下階までのボックスが埋まっていて、そのうえに増築して木造二階を載せていました。

その増築部分がボロボロでひどい状態だったので、撤去する提案をしたところ、ＲＣのボックス部分は残したいとのことでした。とはいっても、ＲＣのボックスが川のほうに傾いていていて危険な状況でした。川岸の擁壁が傾いている可能性もあったのでボーリング調査

	確認	検査
一期（新築時）	○	○
二期（増築時）	○	×
計画案	―	―

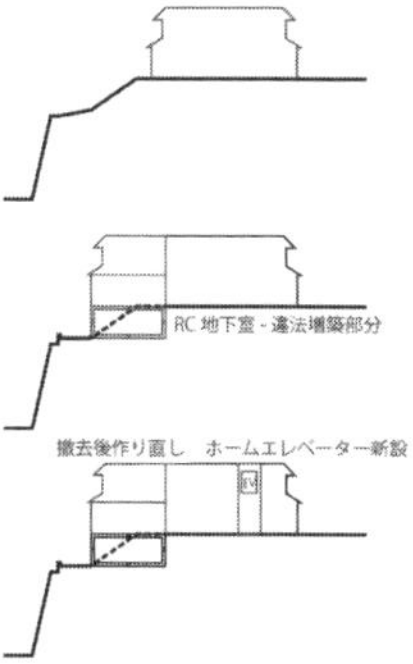

▲川に面したRCボックスをもつ住宅改修プロジェクトの申請の経緯（上）と既存の様子（中）、
RCボックスの上に杭打機を載せて杭を打つ施工の様子（下）（改修設計＝建築再構企画、2016年）

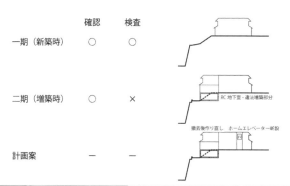

を入れたところ、地下五メートルぐらいの位置に硬めの地盤があって、そこまで杭を打てばこれ以上傾くことはないことがわかったんです。ただ、川側は法面で杭打ち機が入れないので、このコンクリートの地下室の上に杭打ち機を載せてどうにか杭を打ちました。また、ホームエレベーターも入れることになっていました。となると、木造でも三階建ての場合は確認申請が必要ですが、ボックスの上を撤去した時点で木造二階建てとRC造平屋建ての二棟になったので、市役所にも言質を取って、確認申請を出すことなく工事を進めることができました。

結果として、構造補強自体は五〇〇万ぐらい。全体では約三千万円で二〇〇平米の住宅が、すべて適法な範囲で改修できました。これができたからほかでも何とかなるだろうと思えるような、バックボーンともいえる仕事になりました。

山﨑　現在のお仕事のエッセンスが詰まったようなプロジェクトだったんですね。

建築再構企画の四つのサービス

山﨑　建築再構企画のサービスについてもう少し詳しく教えてください。

佐久間　うちではおもに四つのサービスを柱にしています。

一つ目は違法建築物の適法化に関するコンサルティング業務。これが今うちにとって、一番主要な業務ですね。

二つ目はインテリアも含む建築設計と監理。

三つ目は事業性検証や体制構築を主体としたプロジェクトマネジメント業務。これはコストマネジメントも行いますし、プロジェクトに対しての座組みを考えることもあります。今のところ、この業務で一番うまくいったのが「COEDOクラフトビール醸造所」（二〇一六年）のプロジェクトです。

このプロジェクトは企業の研修所だった建物をリノベーションしてビール工場にする仕事でしたが、早期に検討を重ね、行政と連絡を取って用途変更申請を不要にしたことから、数千万円のコスト圧縮に成功しました。一方では、事業主による分離発注だったので、タンク業者のような醸造に関わる業者から鳶のような建築工事に関わる業者までの間の調整業務に関わり、一部では増築部分の設計業務も行いました。

四つ目は、これはまだ計画段階ですが「建物の法律家」を育成する教育・育成事業です。

現在、うちはコンサルティング業務にかなりシフトしていて、設計は手掛けない案件がかなり増えているんですよ。弁護士がつくった裁判資料をチェックしたり、こちらで裁判

▲「COEDOクラフトビール醸造所」（建築再構企画、リコークリエイティブサービス、KAMITOPEN、大賀建築構造設計事務所、2016年）

資料をつくったり。地権者向けの再開発コンサルティングもあれば、マンションの専用部の奥にある配管をどうすれば修繕できるかを修繕積立金のバランスを見ながらコンサルティングすることもあります。

山﨑　設計は受けずコンサルティング業務だけを受けることにしたのは、どういった理由からでしょうか。

佐久間　相談を受ける業務に関して「改修を諦めたほうがいいですよ」とか「壊したほうがいいです」みたいな、事業としての最適解を考えると設計の仕事を潰すような判断をしないといけない場面もあるので、設計まで一体の業務として引き受けていると変な色気が出ちゃう危険性があります。

あと設計まで引き受けていた仕事を途中で止めざるを得なかったときに、もらい過ぎていたお金を返すようなことが起こったので、これは別々の業務にしたほうがいいと判断しました。コンサルティングから先の設計業務については、別にうちでやらなくても、デザインが得意な人にやってもらって構わないですよというスタンスでやっています。

山﨑　なるほど。割り切り方がすごいですね。

佐久間　敷地の設定など、設計する前の企画段階で相談をいただいても仕事として成立するようになったし、ほかの設計事務所から法規の部分だけ見てほしいと依頼を受けること

▲「建物の法律家」を育成する建築法規スペシャリスト育成塾の様子

もあります。

コンサルティングのフィーの設定

山﨑　コンサルティングのみでフィーを得られる場合、フィーの設定はどのようにされているのでしょう。

佐久間　ほぼ人工計算で、見通しがついた時点で見積もりを出しています。というのは、一般のクライアントの場合は状況として違法かどうかすらわからない依頼が多くて、大規模な調査を入れても結果的に業務が進められない場合、クライアントにとってはすごく無駄が大きくなってしまうんです。そこで、まず数十万でできる、図面や目視の範囲で行える簡単な初期調査からやってみましょうかと話をします。

初期調査をやって、その結果いけそうだとなったら、建物の全体を調査し、さらに図面も読み込んで確認申請を出せる段階までいけるか、さらにコンサルティングを深めていくというかたちです。

山﨑　段階を細かく刻むんですね。それはクライアントも安心ですよね。

佐久間　そうですね。とくに会社が大きくなってくると、稟議を取るための資料を作成するのに、三〇万円ぐらいの金額であれば担当者レベルで動かせるんです。その規模でいったん調べて、調査結果についてこちらが見解を述べるという段階を踏むと、次のステップに進みやすいですね。

山﨑　なるほど。面白いですね。人工は、国土交通省告示第一五号に書かれた算定方法ですか。

佐久間　そうです。ほぼあの金額ですね。

山﨑　可能な限りで結構ですので、事務所の収支についても教えていただけますか。

佐久間　何社かで顧問をさせていただいているので、その顧問料が一割強ぐらいですね。コンサルティングが四割ぐらい。で、設計が残りという感じですね。抱えているプロジェクトのうち、設計まで関わるのは二、三割ぐらいですが、収入としては設計監理業務が半分ぐらい占めています。

山﨑　法規にまつわる事業ということで、弁護士や社会保険労務士と協業することもあるのでしょうか。

佐久間　社会保険労務士や行政書士については、協業とまではいきませんが、保育園や高齢者施設のような開業に手間の掛かる事業者さんの場合、開業コンサルとして入っていて、一緒にお仕事をすることがありますね。

弁護士とは設計契約の、契約書と重要事項説明書を作成する際に相談しました。四会連合協定の建築設計・監理等業務委託契約書類フォーマットは弁護士さんに言わせると法的に足りない部分もあるそうで、重要事項説明書も含めてオリジナルのものを作成しました。

素人のお客さんにとっては建築の契約って複雑なんですよ。設計事務所がつくった設計図書をもとに契約関係のない、別の会社＝施工業者が見積もりをつくって契約を結ぶという状況は、ほかの請負契約ではあまりないんですね。そのあたりについて責任の所在も含めてすべて説明する書類が必要だと思っています。

担当が不明瞭な業務はいったん引き取る

山﨑　同業種との協業についても教えていただければと思います。

佐久間　おもに意匠設計者の建築士とインテリアデザイナーですね。いずれも既存建築物の改修の際に協業しています。

建築士の場合は、耐震診断が必要だったり、申請が難しい用途変更と大規模の模様替えの両方が求められるものだったり、あるいは申請を出していない増築部分があるような場合のサポートですね。具体的には、申請書類のチェックをしたり、事前協議の進め方について相談に乗ったり。新築でいくべきか、改修でいくべきかの相談を一番最初に受けて、改修でいくとなったら、そのまま法的なところの詰めを一緒にやっていくことが多いですね。そこで新築にすることになった場合は身を引くことが多いです。

山﨑　インテリアデザイナーとの協業はいかがでしょう。

佐久間　インテリアデザイナーは表層的な部分を手掛ける方が多いので、気持ちよくデザインできるように、サッシをどの型番にするかといった実施設計的なところから確認申請を通すところまで全部サポートします。

山﨑　ありがたい存在ですね。そんな協業をうまくやっていくコツはありますか。

佐久間　クライアント側をきちんとグリップすることですね。クライアントとの契約が協業先と弊社とでは別々のことが多いんですよ。そこで、あらかじめクライアントと協業先との契約内容を確認したうえで、弊社の業務範囲を契約書に付けて出すようにしています。

さらに協業先と業務上の顔合わせをするときにも区分について話し合います。

協業するとき、どちらが引き取るべきか不明瞭な業務というのが必ずあるんですよ。僕らはそういうものは必ず、自分たちでいったんは引き取ることにしてるんです。そして全

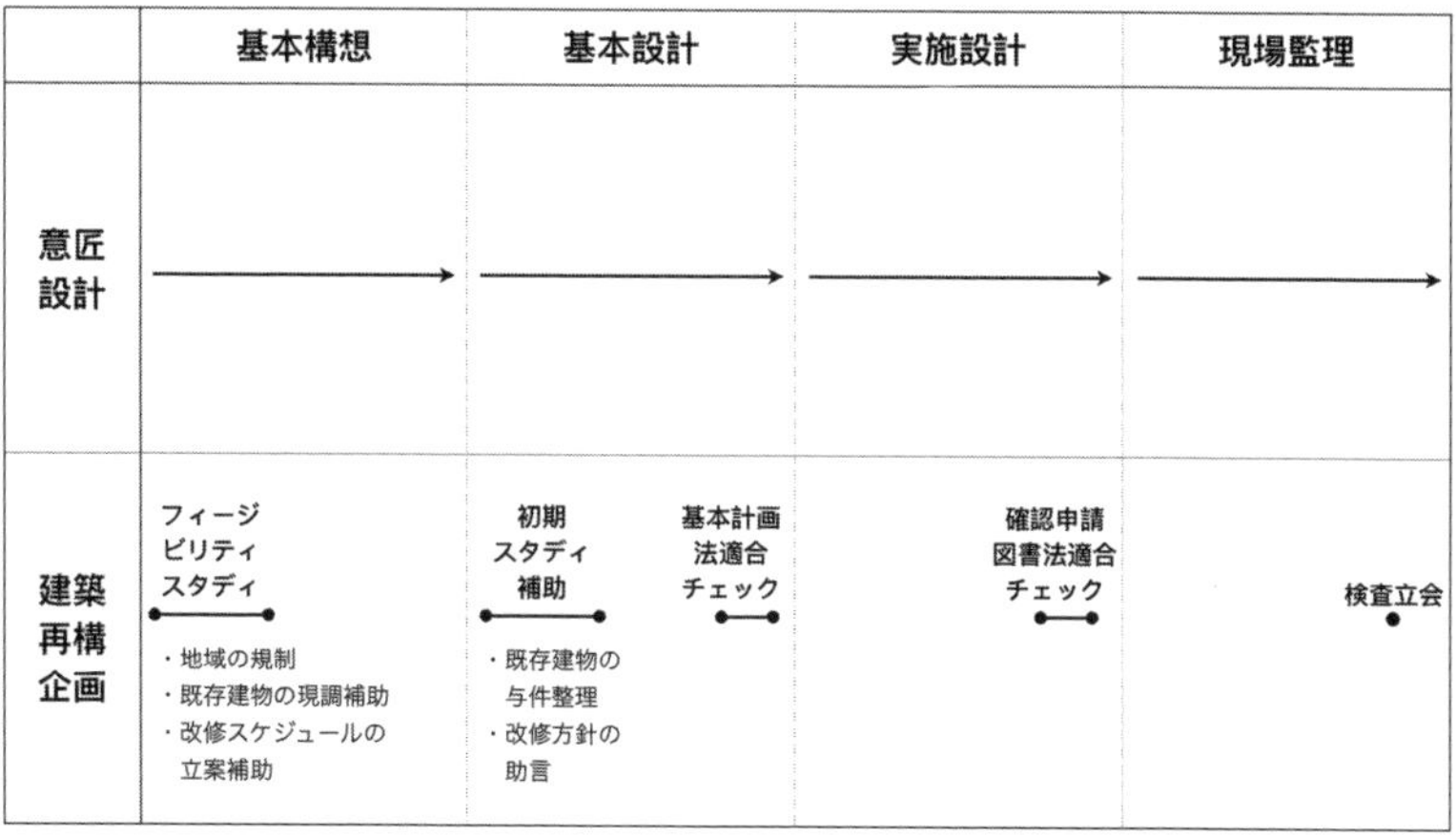

	基本構想	基本設計	実施設計	現場監理
意匠設計	→	→	→	→
建築再構企画	フィージビリティスタディ ● ・地域の規制 ・既存建物の現調補助 ・改修スケジュールの立案補助	初期スタディ補助 ● ・既存建物の与件整理 ・改修方針の助言　　　基本計画法適合チェック ●	確認申請図書法適合チェック ●	検査立会 ●

▲ 建築士向けコンサルティング業務の内容

体では、どういう業務があるのか見えるようにして、僕らがどれだけ負担しているのかがわかるようにしておく。そうすると、佐久間さんのところはこんなに負担してくれてるんだからと、協業先もやりやすいものを引き取ってくれます。

全体の業務をすべて拾って見えやすくしておくと自分たちが業務を把握できるので、スケジュールもつかみやすくなるし、お金に関しても把握しながら仕事が進められるので、やりやすいんです。ただ、お客さんが大きい会社だと、そこまでうまくはいかない場合もありますけどね。

ホワイトな組織

山崎　組織について教えていただきたいのですが、今、スタッフは何人ぐらいいらっしゃいますか。

佐久間　社員が三人とアルバイトが一人です。

山崎　一人目の採用は佐久間さんが独立して何年目のことですか。

佐久間　四年目か五年目ぐらいの、先ほど説明した難しいプロジェクトが終わり、やっていけそうな手応えを感じた頃ですね。

山﨑　佐久間さんご自身が、現在の業務内容で先輩に仕事を教えてもらったという経験ももちろんないわけですから、新入社員に仕事を教える苦労はありましたか。

佐久間　一人目のときはありましたね。どう教えればいいかわからなかったので、打ち合わせから現場から何から何までずっと一緒に付いて来てもらいました。一人で打合せに出してもいい、という状態になるまで一年以上は掛かりましたね。次の年にもう一人雇いました。

山﨑　二人目の方も同じように付いて来てもらったのでしょうか。

佐久間　さすがにそうはいかなかったので、ある程度は一人目の社員が教えるかたちになりました。もちろんアウトプットは必ず目を通しました。たとえばメールの文章を見て、お客さんの立場から考えると、こういうところはダメで、これはいいよといったことを伝えます。これは今も一緒ですね。

山﨑　スタッフが増えて仕事の進め方はどう変わりましたか。

佐久間　最初は僕もＣＡＤで図面を描いていましたが、二人目が入ってからはなくなりましたね。事務所にいる時間が極端に少なくなってきたので、打ち合わせの日程をどう入れるか、社員とのコミュニケーションをどう図るかが課題になってきてるように感じます。

僕の予定についてはほとんど自分で入れていなくて、社員がアポを取って入れてくれています。

山﨑　そのほかに事務所経営で気をつけている点はありますか。

佐久間　ホワイト企業であるように気をつけていますね。法規を扱っている業務柄、違法なことについてはたとえクライアントであっても「それ、駄目ですよ」と言わなくてはならない場面も多いので、自分達に少しでも後ろめたいことがあると、その言葉が曇るなと思っています。そのために、当然のことですがコンピュータソフトの違法コピーもやらないし、残業代もきちんと払うなど、法的に必要とされることは全部満たした会社にしています。

「建物の法律家」を育成していく

山﨑　今後は、どのようなことに力を入れたいと思われているのでしょうか。

佐久間　これ以上社員が増えると、全員のアウトプットをチェックするのが難しくなる一方で、会社を頼るというよりは僕を頼っていらっしゃるお客さんが多いので、ここ五年ぐらいで、僕ではなく、うちの会社に頼みたいと思ってもらえる状況にしていきたいと思っています。

そのためには、スタッフが頑張って育ってくれることが一つ。もう一つはかなり難しいのですが、業務として汎用性をもって、誰が見ても客観的に「こういうフローでやっていけばいいのか」ということをわかるようにしないといけないと思います。案件はすべて個別解ではありますが、進め方についてのおおまかな方針ぐらいはつくっていきたいと考えています。

だから逆に、うちの会社がやらなくてもいいことを決めたほうがいいなと。たとえば新築の仕事や法規が絡まない単なる改修だけの工事は、今後は断ろうと思っています。

それから、先ほどの教育・育成事業に連なる話ですが、世のなかには違法建築が溢れかえっているので、僕らだけではとても対応し切れないですから、「建物の法律家」をどんどん育成していきたいと思っています。

山﨑　そういう話ができるのは、佐久間さんが自身についてどういう人間なのかをよくわかっているからなんでしょうね。それは生き方そのものを磨いていることと等しくて、ご自身が完全に自分の人生を楽しまれているのがわかります。

設計事務所で働いている若い人にとっても、すごく勇気づけられることなんじゃないかと思います。

佐久間　ありがとうございます。学生がアトリエや設計の仕事を目指さなくなっているという話をよく聞きます。たまに僕の講演を聞きに来てくれる学生がいて、学生にとってはかなり実務寄りで専門的な、興味をもってもらえるような話ではないと思うのですが、来た理由を聞いてみると、「普通の設計に未来が見えないから、ちょっとずらした人の話を聞きに来た」と言うんですよね。

ただ僕はそれほど設計から外れているとは思っていません。人間のタイプとしてガツガツいくタイプでもリーダータイプの人間でもなかったので、そういう人間がどうやって生きていくかを考えたときに、建築はすごく複雑で領域が広いので、何かしらの方法はあるような気がしたんです。僕の場合は意図的に「ずらす」ことはせず、建築学科で一生懸命勉強して、アトリエ事務所で一生懸命働いているうちに、その方法が少しずつ見えてきた気がします。若い方や学生は何かしら現状を不安に思うことがあるかもしれませんが、それは伝えたいと思いますね。

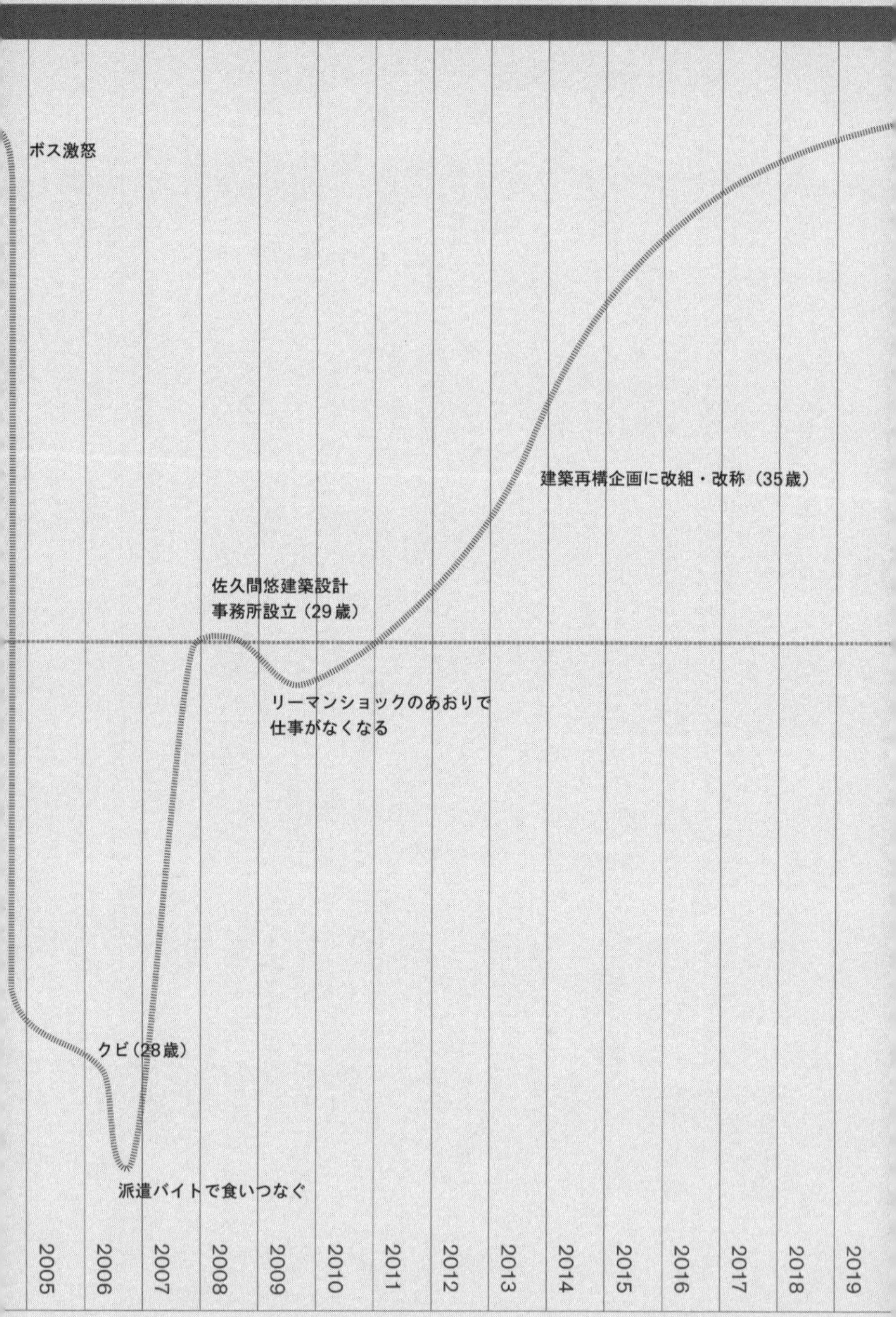
ボス激怒
建築再構企画に改組・改称（35歳）
佐久間悠建築設計
事務所設立（29歳）
リーマンショックのあおりで
仕事がなくなる
クビ（28歳）
派遣バイトで食いつなぐ
2005
2006
2007
2008
2009
2010
2011
2012
2013
2014
2015
2016
2017
2018
2019

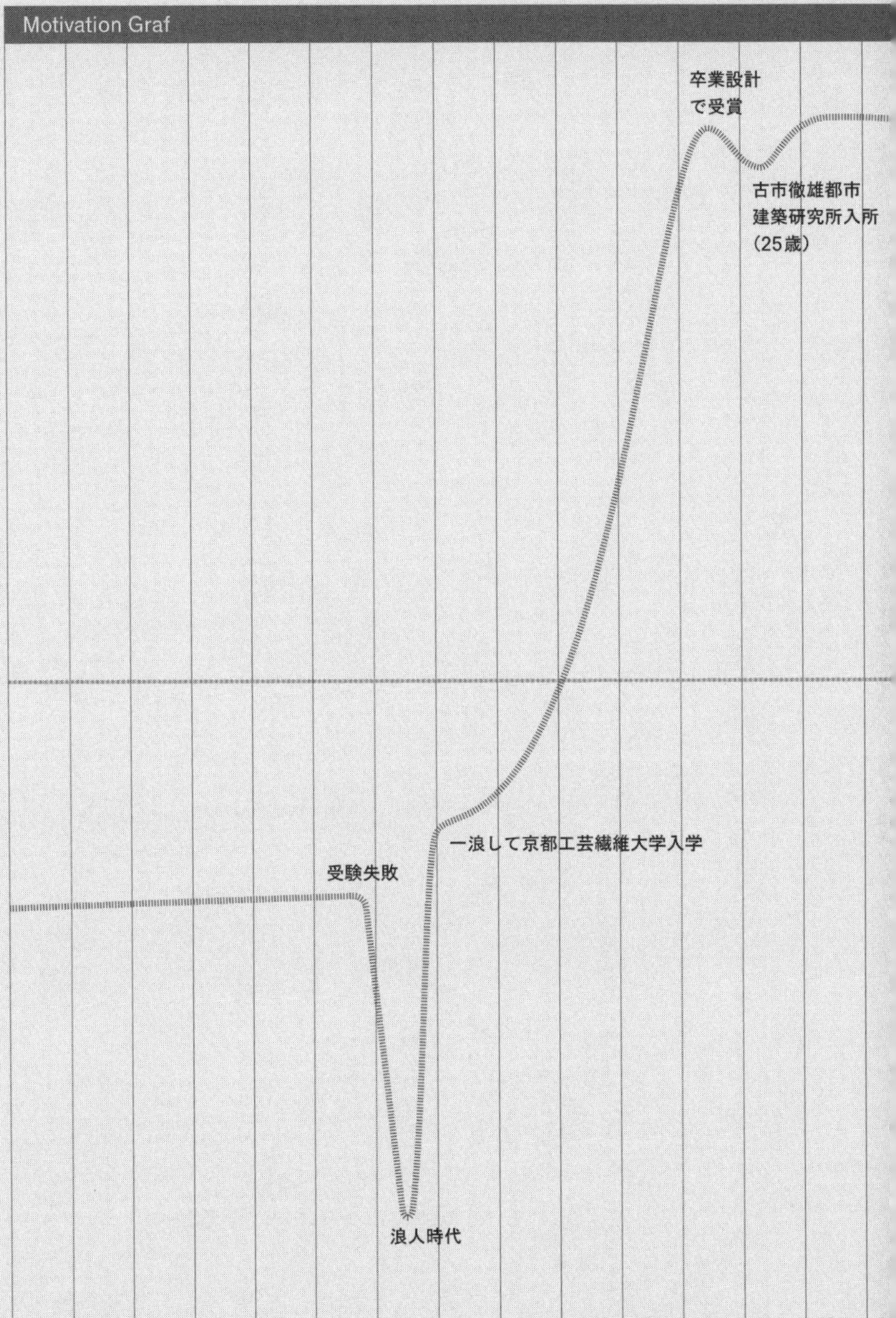
Motivation Graf
卒業設計
で受賞
古市徹雄都市
建築研究所入所
（25歳）
一浪して京都工芸繊維大学入学
受験失敗
浪人時代
1990
1991
1992
1993
1994
1995
1996
1997
1998
1999
2000
2001
2002
2003
2004

interview4

不安があるから、常に新しい一手を打つ

谷尻誠［サポーズデザインオフィス］

建築をアカデミックに学んでいないことがコンプレックスだったという谷尻さん。しかし事務所を立ち上げてからはそんなことは言ってられないと、がむしゃらに学び、突き進んだ。不安があるからこそ、常に新しい一手を打ち、価値の創造を考えている。

1974年広島県生まれ。1994年穴吹デザイン専門学校卒業。1994〜99年本兼建築設計事務所。1999〜2000年HAL建築工房。2000年サポーズデザインオフィス設立。現在、吉田愛とともに同事務所共同代表、穴吹デザイン専門学校特任講師、広島女学院大学客員教授、大阪芸術大学准教授。

格好良さを求めてデザイナーの道に

山﨑　谷尻さんはいつ頃から、建築を意識され始めたのでしょうか？

谷尻　僕は生まれたときから高校を卒業するまで、広島県三次市の古い長屋に住んでいました。安藤忠雄さんの「住吉の長屋」（一九七六年）ではありませんが、家の真ん中に庭があって、雨が降れば家の中で傘をささないといけなかったような家で。五右衛門風呂だったし、汲み取り式の便所だったり、とても不便で仕方なくて、「何でこんな家に育ったんだろう。大人になったら大工になってお城を建てる！」と思ってました。

山﨑　幼少期から「家」を意識していたのですね。

谷尻　家を改修したとき、父親と週末に半年掛けて自分の部屋をつくりました。父親が土木の設計をやっていたので、家で図面を描いている姿を見たり、現場に連れて行ってもらってたので、つくることは好きだったようです。

山﨑　その経験が決め手になって、進路を決めたんでしょうか。

谷尻　決め手になったのは、高校生のときに読んでいた漫画『ツルモク独身寮』（小学館、第一巻発売一九八八年）ですね（笑）。インテリアデザイナーを目指す主人公が「ツルモク家具」に勤めているという設定で、作者の窪之内英策さんも実際にカリモクで働いていたそうです。そこでインテリアデザイナーという職業を知り、だんだんデザインに興味が湧き始めました。

雑誌の影響もあります。僕は洋服が好きで、昔からファッション雑誌をよく読んでいたのですが、クローゼットの中身だったり、インテリア特集の記事によく、クリエイティブ系の方の部屋が紹介されてますよね。本当にセンスが良い人の部屋には、音楽にもこだわるんでしょう、レコードが壁に並べられ、アートが飾られ、良い家具が置かれているんだなあと思って。そんな写真を見ているうちに、家具や空間とファッションが結び付いて、パッと見だけではなく生活する姿勢も含めて格好良くないとダサいと思ったんですよ。それで徐々にデザイナーという職業になろうと思い始めた気がします。

山﨑　なるほど。

谷尻　それでインテリアデザインを学べる専門学校に進学したんです。専攻は建築でした。

山﨑　そこでは優等生だったのでしょうか。

谷尻　高校生の頃は毎朝五時に起きて新聞配達をして、家に帰ってからバスケ部の朝練に行って、それから授業だったので、だいたい寝ているかサボっているかのどちらか。勉強はあまりしていませんでした。

ただ専門学校に行ってから、ちゃんと授業を聞いてみたら良い成績が取れて。先生にも可愛がられ、最初の就職先も斡旋していただき、そのまま就職しました。

山﨑　そこでは、どのような仕事をされていたのでしょう。

谷尻　建売住宅を中心に手掛ける設計事務所で、居心地はとても良かったんです。そこそこ給料ももらえて、休みもあるので、結構楽でした。

そこでは、とにかくたくさん確認申請を出しましたね。朝、事務所に行ったら千平米ぐらいの土地を区画割りして、全部の敷地にプランをあてはめて、夕方には確認申請を出すようなペースです。

ただもう少しデザイン的な仕事をやりたくなって、五年で辞めました。でも行きたかったインテリア事務所には受からなくて。友だちが働いている設計事務所が忙しいというのでバイトに行ったところ、すぐ社員にしてくれました。その事務所のボスは、村上徹さんや宮森洋一郎さんといった広島の有名建築家と交流があって、よく村上さんのアトリエに遊びに行かせていただきました。リアルに良いものを体験すると、「こういうものがつくれるようになりたい」と思い始めますよね。それでも独立したいとは思っていませんでした。ところが不景気の煽りを受けて仕方なく辞めることになったんです。

ただ当時は趣味で自転車のレースをやっていたので、レースに参加するにはフリーのほうが都合がいいかもしれないなと思って。ひとまず一年ぐらいはレースを続けながら下請けで図面を描いて、一年経ったら次のことを考えようと決めました。

とはいうものの、元請けからくる図面に「こうしてはどうか」と提案ばかりしていたら、言うことを聞かない下請けは使い難いということで、次第に仕事がなくなり、結局焼き鳥屋でバイトする羽目になりました（笑）。

山﨑　タフですね（笑）。

谷尻　設計でお金が貰えないならバイトすればいいと。不安はありましたが、死ぬわけではないし、といった能天気さでした。

クラブの人脈で仕事を広げる

山﨑　その後、二〇〇〇年に設計事務所を設立されたんですね。最初から仕事があったんですか？

谷尻　そうですね。その頃、よく行っていたクラブで知り合った友人がクライアントを紹介してくれました。

街のショップ店員や、おしゃれな人が夜はだいたいクラブに集まっていたから、クラブに行けば音楽やファッションなど色々な情報も入ってくるし、楽しくて足繁く通っていたんです。事務所の設立当初から、クラブで培った人脈がすごく活きましたね。というのも、店やビジネスを始める人の情報もクラブの友人たちが教えてくれるから、その紹介でどんどん仕事を受けていけたんです。

そこで独立してから一年間、これまで手掛けたことがない店舗のつくり方を実地で覚えて、ひたすらつくりました。設計料も貰えたり貰えなかったりで。まだ焼き鳥屋のバイトがあったので、貰えたらラッキーだけど、貰えなくても実績ができると思って気にしませんでした。

結局一年で一〇件ぐらいインテリアを手掛けたんですよ。美容院をつくったり、カフェをつくったり、ショップをつくったり。いろんな業態の店舗をつくれるようになりました。「良く考えたら安藤忠雄さんも生まれたときから美術館を設計しているわけじゃないし、こうやって覚えるのか」と思いました。

山﨑　そういったお仕事の仕方が変わったのには、何かきっかけがあったのでしょうか。

谷尻　初めて受けた住宅の設計がきっかけでしたね。独立して一年経った頃に、たまたま友だちがログハウスを建てたいと言うので、「それよりこっちのほうが良いんじゃない」と色々描いて提案したら気に入られて、ようやく住宅を設計できたんです。そして、その「己斐の家」（二〇〇一年）が竣工したときに、オープンハウスを開きました。友だちの家具屋さんに家具を一式入れてもらって、用意したフライヤーを街中のショップに置いて。そしたら二日間で三〇〇人ぐらい来たんですよ。そのなかに知り合いがいて、次の住宅を依頼されて。それが竣工したらまたフライヤーをつくってオープンハウスを開きました。すると人もたくさん来るし、口コミでもうわさが広がるから、次々に仕事を頼まれるようになったんですよね。

山﨑　それはすごい。戦略的にはオープンハウス以外に心掛けたことはありますか？

谷尻　「己斐の家」の頃から「良いものをつくったら仕事が来る」という意識が僕にはなくて、それよりも「仕事をつくる機会をつくる」ことを考えていました。とにかく建築家に頼む人たちが限られているので、必然的にパイの取り合いになりますよね。そうなると、僕より経験がある人や名前が売れている人のほうが取りやすいですから。ならばパイを大きくするしかないという発想でした。

山﨑　独立してすぐに、そういう意識があったんですね。

谷尻　僕はナイキの思想が好きで、ナイキもスポーツ人口を増やすことから始めようという考え方なんです。建築も同じで、こういう建築があるということを世のなかに伝えて、興味をもってもらわないとダメだと感覚的に思っていました。

その頃は、建築雑誌を読んでも、呪文みたいな、何を言ってるのか良くわからないことを言っている、と思っていて。今では、みんな難しいことをどう優しく伝えるかを意識するようになってきましたが、これでは頼む人は増えないだろうと思っていました。

建築雑誌へのもち込み

山﨑　僕は、「毘沙門の家」（二〇〇三年）が、すごく印象に残っています。

谷尻　スノボショップを経営している友だちが「己斐の家」のオープンハウスに来て、「こんなデザインができるんだ。俺も家をつくりたいんだよね」と言って頼んでくれた住宅ですね。

山﨑　これはメディアにも頻繁に取り上げられたし手応えがあったのではないでしょうか。

谷尻　僕らは建築雑誌にどうやったら載るのかをまったく知らなかったのですが、グッドデザイン賞には応募して選ばれていたんですよね。

そしたら、建築写真家で当時ナカサ&パートナーズにいた矢野紀行さんが、出展したパネルを見てメールをくれたんですよ。「次に建物ができたら見せてほしい」と。

▲▲「毘沙門の家」(設計＝サポーズデザインオフィス、2003年)

▲▲「北鎌倉の家」(設計＝サポーズデザインオフィス、2009年)

そうこうしているうちに東京に出るタイミングがあって、仲佐さんと矢野さんにお会いすることができました。そのときに「毘沙門の家」の資料をお見せしたら、翌週には矢野さんが広島に撮影しに来てくれたんです。その写真を矢野さんがあちこちの雑誌社に売り込んでくれた結果、色々な雑誌で掲載されたというわけです。

ただ『新建築』や『住宅特集』、『GA JAPAN』には飛び込みで編集部の方に話を聞いてもらいました。すると、これまで建築雑誌に載るような建築を設計するための要点をまったく学んでこなかったので、こちらが考えもしなかった課題をいくつも指摘されたんです。次からはそれを解きながら設計しなければとおおいに反省しましたね。

以降はつくったら編集部にもち込み、色々クリティークを受けるようになりました。いつも新建築社に行くときはすごく緊張して、男坂の階段を上って湯島天宮でお賽銭を投げて「掲載されますように」と祈ってから行ってたんですよ。だって郵送したら机に積まれたままだから、とにかく持って行かないとダメだと思っていました。それに、足を運ばなければ何も聞けないじゃないですか。

山崎　でも普通、雑誌社はそんなに取り合ってくれませんよ。

谷尻　確かに簡単にはいきませんでしたね。『Casa BRUTUS』で編集部に飛び込みで行ったときは誰もいなくて、編集長の机に資料を置いて帰ったり。そういう勝手なことばかりしてました。

『GA JAPAN』編集部に突撃訪問したときは、やっぱり「郵送しか受け付けない」と受付で言われたんですけど、「僕はこのためだけに広島から上京したんです」といって駄々をこねていたら、編集の方が一人出て来てくれて。名刺を交換して資料も受け取ってもらえました。

それからその方に作品の資料を送り続けていたら、およそ六年越しで初めて「北鎌倉の家」(二〇〇九年)に足を運んでもらえて、ようやく掲載してもらえました。

山﨑　「北鎌倉の家」はよく覚えています。『Casa BRUTUS』で「斜面が得意な建築家」と紹介されていましたよね。

谷尻　たまたま何軒かそういう物件があったんですよね。それで「斜面建築家」と呼ばれるようになって。そのうち「斜面じゃないんですけど設計してもらえますか」なんて電話が掛かってくるようになりました。とにかく雑誌に出ると数件は依頼が来る時代だったので、「何て楽なんだ」と思いましたよ。

山﨑　確かにサポーズデザインオフィス(以下、サポーズ)のウェブサイトを拝見すると、「北鎌倉の家」以降は住宅の仕事が増えているように思えますね。

谷尻　その頃は、既に雑誌社の人からたくさんクリティークを受けたあとなので、敷地の読み取り方から始まって現代建築のつくり方がようやくわかってきたところでした。

山﨑　雑誌社の方と話す時間なんてせいぜい一時間ですよね。アトリエ事務所では仕事をしながら叩き込まれるところを、それだけで理解できてしまうなんて、ものすごい密度で学習されたんですね。

谷尻　カラッカラのスポンジでしたからね。でも『住宅特集』とかも穴が開くほど見てましたよ。とにかく何もわからなかったので、あまりに見過ぎて本が全部バラバラになるほどでした。

とくに衝撃を受けたのが青木淳さんの「L」（一九九九年）です。独立前の永山祐子さんが担当した住宅で、擁壁を真っ白な駐車場のヴォイドが貫き、個室ではベッドボックスが天井から吊られていていて。それまで『住宅特集』には綺麗な建物がたくさん載っていましたが、こんなに荒々しく美しいものがあるということに衝撃を受けたんです。

山﨑　確かに谷尻さんたちの建築にはその影響が見えるような気がします。谷尻さんにとって師匠と呼べる方はいらっしゃいますか。

谷尻　一番の師匠は広島でアルフという施工会社を経営されている江角敏明さんですね。建築家の仕事をたくさんやってるんですよ。その江角さんに建物を施工してもらおうと思って図面を渡すと、すぐ見積もりしてくれないんです。「何でこういう設計してるんだ?」

とか「何でこういう寸法なんだ?」とか「何でこういう配置なんだ?」とか、いちいち聞いてくる。質問に答えられないと、今度は「もっと変えたほうがいいんじゃないか」と言われて、どっちが設計者かわからなくなってきて。とにかく納得しないとつくってくれないんです。そういうトレーニングをいつも受けていました。

そもそも初めてお会いしたのは前の事務所の物件をアルフさんが施工してくれたときで、そのときもすごく細かくて。でもここまで考えてくれる施工会社さんってなかなかないなと思って。いつかこの人と仕事をしたいと思っていたので、独立して初めて自分に任せてもらえたインテリアはアルフさんに頼みました。

山﨑　僕らも施工会社の人に教えられながらやっている部分はあるけど、師といえるほどの存在とはなかなか巡り合えませんね。

谷尻　はい。夜になると行きつけの飲み屋に呼び出されて。すると仲が良い宮森洋一郎さんが来て、建築談義が毎夜のように交わされて。昔の建築についても色々教えてもらいました。

頼りにしてもらいたいという承認欲求

山﨑　お話を伺っていると、クライアントにしてもアルフの江角さんにしても、素敵な人と出会われていているんですね。それは谷尻さんのお人柄が引き寄せているんでしょうか。

谷尻　お喋りなんですよね。「今こんなこと考えてるんだけど」とか、あらゆる場面で勝手にプレゼンしてるんでしょう。それを繰り返してると「何かのときにあいつに言ったらいいんじゃないか」という人が増えてきますよね。それは今も変わりません。

山﨑　そうやって仕事がどんどん増えて注目も浴びるようになってきて。それでもそのままの感覚でやっていると、ますます仕事は増えますよね。

谷尻　はい。飲みに行くたびに仕事が増えてしまう。どこかで不安なんですよ。仕事が来なくなる不安をずっと抱えているので。だから仕事が来るように、無意識のうちにプレゼンを繰り返しているのかもしれません。

山﨑　どうしてでしょうね。これだけ仕事があって大きいプロジェクトもあるから、少しセーブするとか、仕事の方向を絞るとか、考えそうなものですが。

谷尻　プロジェクトの大小よりも、頼まれること自体に喜びを感じているんだと思います。根本は、頼りにしてもらえているという、ある種の承認欲求じゃないでしょうか。世のなかではインスタやフェイスブックで「いいね」を押されたいという承認欲求が、僕の場合は相談されるというということで存在意義を感じ満たされているんだと思います。

山﨑　そこに意識的になったきっかけはありますか？

谷尻　だんだん思い始めたんでしょうね。竣工件数が増えるうちに、それまで自分本意でやっていたのが、つくることによってどう役に立つのか、どう社会に還元できるのかという利他的思考にだんだんシフトしていったんです。

東京事務所

山﨑　二〇〇八年に、東京事務所をつくられますよね。

谷尻　ちょうどその年に僕たちはDESIGNTIDE TOKYOというイベントの会場構成と、プリズミックギャラリーで個展を開いたんですよ。その展示が「東京事務所」というコンセプトだったんです。パソコンや模型、見積書など仕事に必要なものをすべて会場に配置して、期間中はそこで仕事しようと思って。

そのとき考えたのは、もし同じぐらいの広さの本物の東京事務所をもてれば、展示が事務所のレセプションパーティーにもなるんじゃないかと。その頃は関東方面でけっこう現場があったのでそろそろ拠点をもつタイミングだと思っていたから、この展示が次に繋がるなと思いました。

実際、みんな東京事務所を本当につくるんだと思い込んでくれたので、そのタイミングでギャラリーと同じ広さの一〇坪の事務所を借りたんです。これで東京でも仕事を始めると認識してくれれば依頼も増えるだろうと。そうしたら、案の定、東京での仕事が増えました。

山﨑　逆に、谷尻さんでも、お仕事を断るときはありますか？

谷尻　昔は断れなかったんです。声を掛けてもらったのに断るってすごい失礼なんじゃないかと。でも受け過ぎてちゃんと仕事ができずに迷惑を掛けたら、もっと失礼ですし、仕事が増えることでスタッフが無理をしては大変なので、調整するようになりましたね。

山﨑　それにしても最近は規模的にも大きな仕事をされていますよね。自分たちでも印象に残っているものは何でしょう。

谷尻　「ONOMICHI U2」（二〇一四年）と、「BIOTOP OSAKA」（二〇一四年）という、いずれもアパレルのショップが入ったリノベーションの事例です。どちらも事業プロポーザルだったので事業計画の時点から参加しています。とくに「ONOMICHI U2」は複合施設

▲▲ 上下とも「ONOMICHI U2」(設計＝サポーズデザインオフィス、2014年)

なので、ホテル、レストラン、セレクトショップやギャラリー、イベントスペースも入っています。サポーズとしては建築設計もあり、インテリアデザインもあり、プロダクトデザインもありと、すべてのコンテンツをつくって全体のディレクションまで行ったので、相当やりがいがありましたね。

山﨑 オーストラリアの「New Acton Nishi」(二〇一四年)も大きいですよね。すごいインパクトがありました。

谷尻 あれは面接で決めてくれたんですよね。七社ぐらい日本の建築家が選ばれて。妹島和世さんや坂茂さんに交じって、なぜか僕らも入ってたんですよ。面接で「ある意味で作家性をもたず圧倒的なフレキシビリティがあるから、プロジェクトごとにクライアントと話しをしながらゼロからつくり出すことがもっとも得意だ」と話したら、「そういう設計者を探してたんだ」と言われて、その場で決めてくれたんですよ。その面接が二〇〇八年に東京に事務所を置いたばかりの、少しずつ大きいものが混ざり始めたタイミングでした。事務所を大きくすると仕事の規模も大きくなると言われていたのが、その通りになりましたね。

山﨑 同様なことをよく聞きますが、もう少し突っ込んで考えると、事務所の規模を広げられるような資金力のある状態だったということですよね。

▲「New Acton Nishi」(設計＝サポーズデザインオフィス、2014年)

谷尻　やはり小さな会社に大きい仕事を頼みにくいのが社会なので。でも、いつも思うのですが、ブレイクしたとは思ってないですよ。未だに不安だから、それを拭うためにちゃんとやろうという感覚なんですよ。

ストーリーから始まるデザイン手法

山﨑　それにしても、お忙しいから、東京と広島を行ったり来たりと大変ですよね。
谷尻　はい。でも大阪芸大で授業をもっているので、火曜水曜に大阪に行って、火曜日に授業が終わったら広島に戻って、水曜に起きて大阪に行くという動き方もしています。ですから、広島がヘッドオフィスで東京は出稼ぎという感じです。
山﨑　疲れが取れないということはありませんか？
谷尻　毎日七、八時間は寝ているので、それで取れますね。
山﨑　不安で眠れないということはありますか？
谷尻　それが、何か問題が起きたとしても、よく眠れるんです。僕が思うに問題というのは自分が抱えられる程度の問題しか起きないんですよ。たとえば一千万円の問題に向き合える状態になってるからそういう問題が起こるわけです。つまり問題が大きくなるのは、確実に自分たちの規模や価値観が大きくなっているということだし、向き合って解決すれば経験になるのだから、むしろ良いことだと。だから問題が起きていること自体に不安になって眠れないということはないですね。

山﨑　先ほどのお話からすると谷尻さんにとって東京事務所設立は大きかったわけですね。

谷尻　東京で設立したのも、それによってたくさんの人に会えたのも大きかったですね。色々な人の話を聞けば聞くほど自分が成長できるし、相手の優れた感覚を設計に取り込めますから。

山﨑　工事請負金額が住宅レベルから億単位になって緊張しませんでしたか。

谷尻　緊張しますよ。でもわからなければ誰か知ってる人に聞けば良いよねって感じ。規模が大きくなることや難易度が上がることで、わからないことがわかるようになるわけじゃないですか。それがやっぱり楽しいですね。僕は本当に好奇心しかないんですよね。

山﨑　谷尻さんが、仕事以外に好奇心をもって取り組んでることって、どんなことでしょうか。

谷尻　自転車は相変わらず好きですね、今は街ぐらいしか走りませんが。あとは写真を撮ること。洋服はもうずっと好きですね。でも好奇心が絶えないから何でも興味をもっちゃうんですよね。ただ会社のことはすごく考えるようになりました。もっと皆の環境を良くするためには何をしたら良いかとか。

山﨑　それは新しい職場空間に対するアイデアに繋がっているのでしょうか。

谷尻　そうですね。空間はもちろん、待遇も、経験させることも必要です。たとえばホテルのプロジェクトが増えたとしても経験してないものはやっぱり設計できないんですよね。

山﨑　確かにそうですね。

谷尻　そもそも僕には方法論というものがないんです。それこそスタッフがスタディすることも多いので。

だから方法としては、建築というよりは、プロジェクトのあり方をストーリーとして、脚本を書く感じに近いですね。

山﨑　なるほど。具体的な手順を教えていただけますか。

谷尻　まず名前を付けます。それはプロジェクト名というよりは、目標となるコンセプトに対する名前です。たとえば、とあるオフィスの提案では、「リビングオフィス」という名前を付けました。つまりオフィスではなくてリビングをつくろうと。次には、リビングとは何かを考えて、イメージをどんどん描いていく。こうしているうちに「では、どの瞬間に空間はオフィスになるのか」という問題が浮かび上がってくる。そして空間が名前に適応する瞬間を見つけるんです。

僕たちが広島でやっている「THINK」というプロジェクトでは、スケルトンの空間の中で、発泡スチロールの塊を一〇〇個ばら撒いて、ゲストが来てトークすればそこはトーク会場になるし。髪を切れば美容院になるけれど、美容院にするためには本当に鏡がいるのかとか、鏡がなくても美容院と定義できるんじゃないかとか、あるいはどうしたらレストランと呼べるかという空間実験を繰り返してきました。それによって、オフィスをつくろうと思わなくても、オフィスになる定義さえ押さえておけばオフィスがつくれることがわかったんです。

こうしてキャッチコピー的に空間の方向性を示して、人が馴染んでいるものを題材として新しい提案をするので、みんな理解してもらえるんですよ。

建築とインテリアの両方に力を注ぐ

山﨑　谷尻さんは好きな建築家はいるんですか。

谷尻　それが難しいんですよね。本当に皆さんすごいなと思ってるんですよね、皆それぞれの必殺技をもってるわけですから。好き嫌いで言うと、これ好きじゃないなとかはあるけど、色々な方法論があって然るべきだと思うんです。

でもピーター・ズントーをはじめ海外の建築家はセンスが良いなという思いが根本にはあります。僕らがインテリアデザインを一生懸命にやるのは、建築とインテリアががっちり溶け合った、雰囲気の良い建物がつくりたいからなんですね。海外にはそういう人たちが多いですよね。すごく有機的な材料を使っているのにモダンに見えてしまうとか。自分でも理由はわかりませんが、矛盾しているものをできるだけ求めてしまうので、そういう雰囲気のある建築を目指したいと思っています。

山﨑　建築とインテリアは違う感覚が求められそうですが、谷尻さんは同時にデザインできるんですよね。

谷尻　僕たちは同時にやろうとしていますね。建築家はコンセプチュアルだけど雰囲気をつくるのが下手で、インテリアデザイナーは雰囲気をつくるのがうまいけどコンセプトが抜け落ちている。コンセプトが貫けるインテリアデザインがどうして少ないんでしょうね。その間こそが求められているはずだと思うのですが。

山﨑　サポーズがインテリアに力を注ぐようになったきっかけは何ですか。

谷尻　それも「ONOMICHI U2」と、「BIOTOP OSAKA」をつくったときですね。とくに「BIOTOP OSAKA」ではファッションの業界の人が注目してくれました。

山﨑　どこが注目を集めたのでしょう。

谷尻　南堀江の入り口にあるビルのリノベーションだったのですが、住宅のような雰囲気が欲しいと言われたんですよ。具体的にはカフェ、レストラン、フラワーショップ、アパレルの複合プロジェクトでした。

このときもジャンル的にはインテリアデザインだけれど、つくり方次第で「街のインテリアデザイン」になれば「街の一部」をつくっているとも言えると思い、一階コーナーのカフェのカウンターをわざと外につくったんですね。そうすると南堀江の入り口に人の群れができて目を引くから、それがサインになるだろうと。

あとビルの屋上に森があると上がってみたくなるだろうから、屋上を緑化して、昔の商業施設が屋上に遊園地をつくったようにシャワー効果をもたせようと。あのプロジェクトで、僕らの会社がインテリアや建築デザインのほか、事業企画まで考えられることが認め

▲「BIOTOP OSAKA」(設計＝サポーズデザインオフィス、2014年)

られるようになって、あちこちから呼ばれる機会がぐっと増えました。

山崎 それは読者にとってもすごく参考になると思いますね。

谷尻 でもその頃まで僕は会社の売上は興味がなくて知らなかったです。

山崎 それは確かにぐっすり寝れますね（笑）。

谷尻 ただ、いつも税理士さんに「うち潰れない？」と聞くと「大丈夫」と言ってくれるので。それでとりあえずは安心していました。もちろんお金についてはずっと心配じゃないと言ったら嘘になります。だから、やれることは一生懸命やる。それを継続できれば、とりあえずは大丈夫だろうという感覚なんですよね。

だって、不安がないと楽しくないじゃないですか。不安があるから、逆に安心できる。そういう意味ではずっと不安です。だから常に先行投資をするなり前を向いてやらなければと思えるんです。

山崎 緩めないわけですね。

谷尻 最初は何もわからないから、色々な意見やアドバイスを聞いてやってきました。でも、今までの設計事務所のやり方を参考にしても、それ以上にはならないし、自分たちの会社に合うやり方を見つけていくことが何より大事だと思ったので、色々チャレンジするべきだと考えています。

山崎　なるほど。

谷尻　そもそも働かずにじっとしたまま死ねるくらいストイックだったら、何でもできますよね。うっかり働いちゃうじゃないですか、自分に甘いので。お腹が減ったら働いちゃいますよね。だから死なないと思ったんですよ。体が健康で働ける限りはお金には困らないというか。

山崎　すごいですね、その発想。お聞きしていると、これまでの道のりに後悔はなさそうですね。

谷尻　確かにないですね。「やるべきか、やらざるべきか」と迷うようなときには、だいたいやるほうを選んで来ましたね。挑戦しないこと事態が失敗ですから。今四歳の息子がちょうどおむつが取れる時期で、トイレに行きたくないと言うので、「トイレに行くという挑戦をしないこと自体が失敗なんだぞ」と言い聞かせてます（笑）。

新たな事業展開

山崎　最近起こされている色々な事業についてお聞きしようと思います。設計以外の事業を始めようと思ったきっかけは何でしたか？

谷尻　Origami Payという決済アプリを運営しているベンチャーの創業者、康井義貴さんと仲が良いのですが、康井さんに「サポーズはベンチャーだよね」と言われたんですよ。それがすごく心に残って、確かにそういう意識は大事だと思ったんです。

僕たちは建築業界の慣習通りに設計事務所の運営をしていましたが、より良くするため、事務所の経営も仕事もイノベーティブに取り組まないと、これからの時代には合わなくなると思ったんです。たとえば「設計事務所がこんな安い給料じゃやってられないよ」と何十年も前からずっと言われていて未だに変わらない。これは仕組み自体を変えないと、設計事務所の人気がもっとなくなると思うんです。

山﨑　建築業界自体を良くしなければいけないという意識が高いんですね。

谷尻　そのためにもっとも良い事例を自らつくろうと思いました。それで「絶景不動産」や「社食堂」、「二一世紀工務店」、それに「未来創作所」という家具会社や、「tecture」というアプリケーション開発の会社を立ち上げました。

山﨑　具体的な内容を教えていただけますか。

谷尻　「絶景不動産」は、景色やロケーションといった敷地のポテンシャルを活かした土地活用を提案する不動産会社です。

きっかけは、ロス在住のクライアントに日本で別荘を建てたいと言われたことでした。森に住みたいとのことでしたので、別荘を建てて滞在したいような森ってどんなだろうと考えたときに、フランク・ロイド・ライトの「落水荘」（一九三六年）を思い出したんです。森であれば滝の上に建っているのがもっとも良いシチュエーションだなと思って。そこでインスタグラムやツイッターで「滝募集」と発信していたら、思いのほか候補地が集まったので、なかでも良さそうな滝にクライアントを連れて行きました。結局、一言 “too noisy” と言われてダメだったのですが。

でも世のなかには滝の音をうるさいと思わず、「この場所いいね」と言う人が必ずいるはずだから、絶景を集めた不動産会社をつくれば、そのようなクライアントにヒットすると考えました。そのアイデアを何の気なしに不動産会社勤務のクライアントに話したら、数カ月後に会社を辞めて、うちに来てくれたんです。そこで法人化したのが「絶景不動産」というわけです。

山﨑　サポーズの事務所に併設した「社食堂」の事業についても教えていただけますか？

谷尻　「社食堂」はスタッフに健康に働いてほしいという想いから始めました。年齢的にまだ若いとは言えず、結婚して子どもだっている社員が体調を崩すわけにはいきませんよね。しっかりした健康管理が必要です。

▲ 上下とも「社食堂」（設計＝サポーズデザインオフィス、2017年）

また食はすなわち細胞のデザインですから、健康維持のためには食を大切にしないと。良い細胞をもっているほうが良いアイデアが生まれるに違いないですからね。そういう思想をもっている会社だということの、発信の場所にもなると考えました。

山﨑　おっしゃることは良くわかりますが、コストが掛かるし採算も考えなければいけないですよね。一歩踏み出す際にはそれなりの覚悟が必要だったのではないでしょうか。

谷尻　これを投資と考えると、捉え方によっては不安に繋がりますが、一方では働き方の提案ができる実物大のポートフォリオだと考えることもできるわけです。

たとえばコンペやクライアントへのオリエンテーションでも、先方からこちらに来ていただければ、僕らが考えてることの大筋を理解していただけます。

こうして幾つか仕事が決まりさえすれば、十分に回収できますよね。むしろ、見に来た方が「コンペをやらなくてもいいかもしれない」と、競わずに済むことが増えるので、効率化にも繋がります。そうやって自分たちの価値を定めておけば、それを求めて仕事が来るようになるはずなんです。

山﨑　つまりメインの設計業務をフォローしてくれる存在と捉えていらっしゃるのでしょうか。

谷尻　あくまで単体の会社ですが、そういうことができる設計事務所だという価値があれば、僕らに頼む人が増えると信じています。実際、飲食店を始める人が運営まで理解している設計事務所と、していない設計事務所のどちらに依頼するかといえば、明らかに運営まで理解している設計事務所のほうが有利ですよね。ですから自分たちも運営を経験すれば、競わずに仕事が来るだろうという考えです。

それに自分たちで店舗を運営して、納得できる方法が見つかれば、ほかの方にも正しく答えが返せるので、設計がピュアにやりやすくなるんです。というのも「運営がこう言ってるので直してください」と言われることが良くあるんですよ。その意見をきちんと理解したうえで別の方法を提案できれば、自分たちの案が通る可能性が増えるわけです。

山﨑　なるほど。それは従来の建築家によるものとはかなり違った方法ですね。

谷尻　従来のように、クライアントが主導するプロジェクトを手伝うかたちでデザインしても、一〇〇%自分の表現とは言えません。でも自分たちが腹をくくって、先に自身で目指すかたちをつくるのであれば、純粋にやりたいことが表現できる。そうするとほかのプロジェクトでも、もっと僕らの提案が通りやすくなります。これはプロジェクトを頼んでもらうための広告費だと思えばいい。がむしゃらに働いて売上を伸ばしても、その大部分を税金でもっていかれるのであれば、お金の使い道を考えたほうがいいと思うんですよね。設計者は運営が大変だから無理って言われますけど、あらゆる業界は広告費をしっかり使って、ブランド価値の向上に力を注いでいます。来た仕事に対して良いものをつくれば次の仕事が来ると思い込んでいる設計者の方は、会社のブランディングの戦略を意識していないことも多いので、もったいないと思います。

谷尻　「二一世紀工務店」は、広島のアルフさんであれば、施工の方法を一緒に考えてくれるのに、東京の工務店には「できない」と言われてばかりだったので、実現するために考えることのできる施工会社をつくろうと思ったんです。そのためにほかの施工会社で働いていた現場監督さんが辞めるときに、口説いて入ってもらいました。

業務としては、普通の施工会社と一緒で、コンストラクトマネジメントをしています。その現場監督さんと構造家の金田充弘さん、共同代表の吉田とで出資して、いつも僕たちの鉄工事を受けてくれている金物屋さんにも入ってもらい立ち上げました。まだ人数は四、五人ですが、プロジェクトも進んでいますし、これからさらに増やしていきます。

山﨑　サポーズの仕事は二一世紀工務店に頼んでいらっしゃるんですか。

谷尻　ほかの工務店と一緒に入札しています。じゃないとフェアじゃないですから。

山﨑　聞けば聞くほど驚いてしまいます。そんなアイデアがよく出てきますね。

谷尻　たとえば施工会社にはできないと言われても、理由を突き止めればできる可能性が絶対にあるはずですよね。新しいものは反対意見があるときに生まれるので、そこに期待をしています。

「社食堂」を始めるときも反対を受けました。事務所と一体になっているから「臭いがある」とか、「うるさくて仕事ができないんじゃないか」とか、「そのエリアに全然飲食店がないから人が来ないんじゃないか」とか。でもそれは理解できないほど新しい価値であるとも言い替えられるわけです。逆にみんなが賛成するということは、既に「価値化」されているということです。「価値化」されていない要素でも丁寧に問題を解決すれば、新しい価値になるはずなんです。

山﨑　その問題解決が本当は大変なんですよね。

谷尻　みんな大変なことを嫌うんですよ。でもそこを取りにいったほうが良いと思っているんです。

山﨑　「tecture」という会社についても教えてください。

谷尻　写真にスマホのカメラをかざすと材料情報にすぐ辿り着けるというプラットホームのアプリケーションを運営する会社ですね。このアプリではメーカーや設計事務所のPRもできます。

山﨑　それはいいですね。

谷尻　早くも一部の雑誌社が協力的になってくれています。

今は設計事務所のスタッフは『住宅特集』などを見て材料を調べてるんですよ。検索の時間は相当なものです。便利になっていると思いきや、検索に時間を奪われた社会になっている。この時間をシュリンクしたほうがもっと効率的に働けると思って考えました。

最大のコンプレックス

山﨑　今日は谷尻さんが苦しんだ経験を聞きたいと思ったんだけど、苦しんでいる様子があまり見えませんね。それにしても、僕は以前に谷尻さんから聞いた「クレームを言われたとき、逃げるからダメなんだ」という話が好きなんですよ。

谷尻　逃げるから訴えられるんです。絶対そうなんですよ。だって悪いことをしているわけでもないし、逃げる気でもないし、解決するつもりなんですから。

山﨑　確かにそうですよね。そこまで前向きな谷尻さんにとって、これまで経験した〝谷〟はどんなものだったのでしょうか。

谷尻　とにかく建築の知識がないというところが最大のコンプレックスであり〝谷〟だったわけです。だって、どちらが有利かといえば、断然、建築を学んでいる人のほうですから。

雑誌を見るとどこ大学の建築学科出身でどこの事務所に行って独立した、みたいな人ばかり。それで、「建築の大学に行ってないとダメなんだ」と思ったんですよ。

でも、安藤忠雄さんが何で人気なのかと考えたら、建築そのものの魅力もさることながら、建築の大学に行ってないからというのが大きいんじゃないかと。つまり建築を語るのか、人生を語るのかの違いではないかと思ったんです。「結局みんな建築だけを語っているから仕事がないいんだ」と。設計者はみんな建築がキーだと思っているんですよね。でも頼む側は、人を見て頼んでいるわけです。

だからいつもスタッフには「人としての魅力で仕事が来るようになってくださいね」と言っています。自分がつくった物件を雑誌に載せたいという気持ちはわかりますが、そんなものがなくても仕事が来るようにならないと、勝負にならないんですよ。

山﨑　どうしたらそうなれるのでしょう。

谷尻　自分の個性を活かして、信頼してくれる人を一人でも多く増やすしかないでしょう。

山﨑　同時に業界内における建築家としての立ち位置を確立する努力もされていますよね。

谷尻　それは僕みたいなのが頑張ったほうが、未来が明るいと思ったからです。だって若い子は、あまりにも優秀な人と同じようになれるとは錯覚できないんですよ。でも僕だったら、「ちょっと頑張ったらいけるかも」と、自身の姿を投影しやすいと思うんです。

山崎　でもね、もはや谷尻さんには投影しづらいと思いますよ。

谷尻　ただ、学歴の面から考えると、みんなどこかで安藤さんには投影しているはずなんですよ。それは建築をつくる力を投影するのではなくて、人生の未来像としては投影できると思うんですよね。

ただ僕は建築業界でのポジションや地位なんかは気にならないんです。つまり、もっとくだけて言うと「こういう若手と同列にされるのは嫌だな」とか「並び」を気にする方って多いと思うのですが。でも誰だって、誰にも相手にされなくて悔しかった時期があったはずだから、「並び」にこだわるのは違うんじゃないかなと僕はずっと思っているんです。

山崎　どんな仕事だって楽しくて上を目指していたはずなのに、いざステージが上がっていくと、そういうポーズを取らなければならなくなる。

谷尻　建築の人たちって、批評好きじゃないですか。批評も必要ですけど、未来について語ることのほうが本当はすごく大事だと思うんですけどね。とにかく建築以外で活躍している人に会うと、皆そんなこと考えてないんですよね。それより自分たちの会社がどうなるかとか、どんな価値があるかとか、もっと真っ直ぐですよね。

山崎　そうだと思います。谷尻さんは建築だけじゃなくて、ファッションやビジネスなどの広い世界を知ってるから、建築の業界がどれだけ小さいかっていうのをわかってるんでしょうね。

谷尻　そうとも言えるかもしれませんね。

ところでいつも思うんですけど、僕は時間があったら建築家のマネジメントがしたいんですよ。たとえば僕が山崎さんの事務所のコミュニケーション担当だったら、仕事もつくれるし、それをうまく軌道に乗せる自信がある。

山崎　そういう見方に自信があるってことは、ご自身についてもちゃんとキャラクターの分析ができているということですよね。

谷尻　そうですね、意識しています。コンペのときも、なかなか教えてくれないんですけど、参加者に誰がいるかを絶対聞くんですよ。そうすると勝てるかどうかわからないまでも、戦い方がわかるんです。

事務所に入れたい人

山崎　事務所の運営についてお聞きしたいのですがスタッフは何人いらっしゃるんですか。

谷尻　スタッフは広島と東京の事務所を合わせて計三七人ですね。二〇〇〇年に一人でスタートし、翌年に現在パートナーの吉田愛が加わったわけですが、東京事務所をつくる二〇〇八年の段階では一五人でした。それ以降は、大きな仕事が入ったこともあって人数は急に増えましたね。今東京事務所で一六名、広島で二一名です。

山﨑 スタッフの募集はどのようにしていますか？

谷尻 スタッフは常時募集していますが、求人広告は出さないようにしています。広告を出しているということは、つまり人が来ない事務所だと公言しているわけですよね。むしろ募集しなければならない状態であることを本来は考え直さないといけない。また、給料の良し悪しや勤務時間の長さといった指標とは違うところに魅力があるから働きたい、と思われる事務所でなければならないとも思うんです。

山﨑 「この人は入れよう」という基準って、何かありますか。

谷尻 恐らく事務所への入り方が、その後の働き方に関係していると思うんですよね。掻き分けてでも入ってくるような人であれば、入所してからも受け身の姿勢ではなく、仕事を自分で見つけられるので、そういう人を採ろうと思いますね。

山﨑 入ってからは、どのようなポイントを評価しますか？

谷尻 仕事ができる以外にも、責任感があって事務所全体のことを考えられること。たとえば掃除をするとか挨拶がきちんとできるとか、ちゃんとほかの人の手伝いができるとか。

仕事以外のことができている人のほうを高く評価してますね。
以前はコンペをたくさん取れたり上手なプレゼンができれば良いと思っていたんですよ。でも、できるやつって、利己的な人が多いんですね。「君は何でできないの?」みたいな感じで人を助けない人間よりも、とにかく誰か困っていたら、徹夜してでも手伝うような人間のほうが良いと思っています。

山﨑　そうは言っても、入れてみたらじつはそういう協調性がなかった、という人もいると思います。

谷尻　助けることができない人は、まわりが助けてくれないからそういう振る舞いになっているので、「あなたが助けてもらえる行動を普段していないからだよ」と教えます。するとわかってくるんですよ。

山﨑　田舎のお父さんとかお母さんみたいですね。でも実施図を描いたり、現場でちゃんと成し遂げるには、能力が必要ですよね。

谷尻　そういう意味では、番頭的な先輩がいますから。

山﨑　そういう方が何人いらっしゃるんですか。

谷尻　今は五人。年齢はみんな三〇代後半~四〇代前半ですね。初期の頃うちにいて、辞めて違う組織に行って何年か働いていた子に「今なら同じぐらいの給料を払えるから、戻って来たほうが絶対面白い仕事ができるよ」と言って引き戻したこともありますね。

D&DEPARTMENTのナガオカケンメイさんが、「いつでも戻ってきていいんだからね」と言って送り出すと、やがて戻ってくるんだと言ってました。辞めると、前の職場の良さがわかるんでしょうね。もちろん全員が戻ってきてるわけじゃないですけど。だから、チームとか家族っていう意識はすごく強いですね。出ていっちゃうときは寂しいですよ。

ですからスタッフの将来に可能性を与えられる会社になりたいと思ってます。たとえば海外にも事務所をつくって、「そこを任せるから行ってね」とか。飲食店のように、どんどん店舗を増やして、店長にやりがいを与えるような仕組みが設計事務所でも大事じゃないかと。人数が増えてくると、そういうこともやらなければと思います。

山﨑　情に厚い体育会系みたいですね。谷尻さんみたいなウェットなコミュニケーションで四〇人も相手にしていたら大変ですよね。

谷尻　それでも、番頭とだけ話すという感じはないですね。各担当者と直接話します。どちらかというと番頭は図面やスケジュールなど技術的なところを管理していて、案や方向性については、みんなでディスカッションして決めています。一人ひとりがアイデアを出す、小さな設計事務所がたくさんあるような状態にしたいんです。

恋愛をするように仕事をしよう

山﨑　先ほど東京の工務店は「できない」とばかり言ってくるというお話がありましたが、谷尻さんは、スタッフが現場監督に「できない」と言われて帰って来たとき、どう解決しているんですか？

谷尻　どうやって説明したのか尋ねて、「それってできるための提案が何もないから、そりゃできないって言われるよね。たとえばこうすれば良いんじゃやない？」とか、「こういう言い方が良いんじゃない？」とアドバイスして、もう一回アタックしてもらいます。それで乗り越えられる場合もありますし、どうしてもダメなときは僕も行って説得します。

山﨑　そういう場合は、谷尻さんはどうやって相手を説得するんですか？

谷尻　偉そうに指示するより「でもあなたしかできないと思うんです」と言ったほうが「しょうがねえな、やってやるか」ってなりますよね。取る態度によって相手のポテンシャルが引き出せる。

山﨑　スタッフにもそのやり方を教えているんですか。

谷尻　「恋愛するように仕事をしよう」と言ってます。恋愛って自分がやりたいことより相手がやりたいことのほうが大事ですよね。でもいざ設計になると、自分のやりたいことを押し付けるスタンスのほうが、なんとなく多くなりがちになってしまう。

スタッフには、とにかく「単独犯」ではなく「共犯」でプロジェクトを進めてくださいって言うんです。設計者は往々にして単独犯が多い。なぜなら弁も立つし、素人が相手だともっともらしく通してしまう。それが良いと思って進めるけど、ふと緊張の糸が切れた瞬間に声のないクレームが出て来るから。だから相手の想いを全部引き出して、一緒につくっている実感をもってもらいながら進めないと。

山﨑　でもそんな谷尻さんが最初は喋るのが苦手だったときがあったと聞いて驚きました。

谷尻　そうですよ。上がり症でした。

山﨑　どうやって克服したんですか。

谷尻　コンプレックスも緊張も、多分、誰かと比べてどう見られるかを考えるから感じるんですよね。それなら、「まわりからどう見られてもいい。まわりの全員が敵になったとしても、友だちがいればいいじゃないか」と思えばいいだろうと自己暗示を掛けた時期がありました。そうしたらどう思われようと平気になって、だんだん緊張しなくなったんです。

海外への眼差し

山﨑　今後の展望は何かありますか。

谷尻　新しい価値をつくることが大切だと思うので、働く、食べる、泊まる、運動するが一ヵ所でできるような施設を広島に建設する予定です。そこに僕らの事務所やカフェやギャラリー、ホテルも入っていて、世界中から僕らの事務所に遊びに来てもらえるようにしたいです。

山﨑　サポーズに遊びに来るための場所っていうイメージでしょうか。

谷尻　そうですね。「社食堂」もそうですけど、皆さん知らないうちにサポーズに来てるわけじゃないですか。「社食堂」には色々な建築の本を置いてあるので、建築に興味ない人でもうっかり手に取りますよね。そうすると、いつか建築家に頼む人が増えるかもしれない。それでいいんじゃないかと思っているんです。

山﨑　これから海外進出などは考えられていますか？

谷尻　そうですね。実際に海外からのクライアントも増えていますし。日本もいつまで仕事が続くかわかりませんから、そこは意識しておかないと。

極端な話、設計依頼が来なくなっても生きていける会社をつくりたいんです。たとえば自社プロジェクトをどんどん増やしていこうと思っているんですよね。自分たちで土地を買って、企画して建てて。人が来てお金が回る仕組みができれば、可能ですよ。

山﨑 それが次のステージなんですね。

谷尻 センスの良いディベロッパーになりたいと思っています。尊敬できるディベロッパーが日本ではまだ少なくて、みんな海外の事例を見に行きますが、海外の人たちが日本に見に来てくれるような事例をつくらないといけないと思うんですよ。

山﨑 五年後ぐらいにはホテル事業とか、リゾート開発をする可能性も。

谷尻 やりたいですね。別にホテル経営がしたいわけじゃないんですけど、設計事務所でそういう前例をつくりたいんですよね。

山﨑 谷尻さんはまだまだ面白いことをいっぱい見つけてくれそうですね。

2005	2006	2007	2008	2009	2010	2011	2012	2013	2014	2015	2016	2017	2018	2019

Motivation Graf
サポーズデザインオフィス
設立（26歳）
本兼建築設計事務所入所（20歳）
穴吹デザイン専門学校入学
1990
1991
1992
1993
1994
1995
1996
1997
1998
1999
2000
2001
2002
2003

interview5

探検家的スピリットで建築を探求する

小堀哲夫［小堀哲夫建築設計事務所］

登山や海外での実測調査など、好奇心の赴くままに活動していたら、いつの間にか建築にハマっていたという小堀さん。まわりを巻き込みながらともに建築への夢を追い掛け、彼ならではの解釈で新しいモダニズム建築を生み出している。

1971年岐阜県生まれ。1997年法政大学大学院工学研究科建設工学専攻修士課程修了。1997〜2008年(株)久米設計。2008年(株)小堀哲夫建築設計事務所設立。現在、同事務所代表、法政大学兼任講師、名古屋工業大学非常勤講師。

山にハマった学生時代

後藤　学生時代はどのように過ごされていたのでしょうか。

小堀　僕は法政大学の建築学科で学んだのですが、学生時代はずっと山登りに没頭していました。

僕が生まれた岐阜県は山ばかりだったのにもかかわらず、東京に来るまではまったく興味がなかったのですけどね。

東京には憧れて上京しました。でもいざ来てみたら、何をしに来たんだろうと、虚無感みたいなものに襲われてしまった。そんな頃『STUDIO VOICE』という雑誌で山の特集を見つけ、そこに掲載されていた写真を見た途端、衝撃を受けたんです。

翌週には同じところに行っていました。それが大キレットという北穂高岳から槍ヶ岳へと進む縦走ルートで、難しさもまったくわかっていなかったので、当然ながら死にそうな目に合いました。

まず上高地で登山届を出してから出発し、中継地点の涸沢岳《からさわだけ》に着いたのが夜の八時。そんなこと山登りではあり得ないんです。何しろ気分はキャンプの延長だから、持って行ったのはじゃがいもとか、にんじんとかカレーの材料セット。そうしたら山岳警備隊に「お前たち何しに来たんだ」とえらく怒られて、警察の詰所みたいなところに連れて行かれました。でも、その夜の星空がすごく美しかったのをよく覚えています。

翌日から北穂高岳を目指すわけですが、これがとてつもなく大変で、しかも目の前で一人が落ちたんですよ。友だち四人で行ったのですが、一人が「お前にだまされた。もう行かない」と言い出す始末で……。

それでも何とか四人で登ったんです。そうしたら北穂高岳の山小屋が大変な場所にあって、頂上のすぐそばなんです。とても眺めが素晴らしくて、そこで初めて見た雲海には驚きました。翌日は尾根伝いの難所で、地図上だと一日で行けるルートなんですけど、素人だから倍掛かり、槍ヶ岳に着いたときは夜中だったんです。しかも台風で大雨。槍ヶ岳の山小屋の親父にかなり怒られました。しかし翌日改めて雲海に感動して、それからどんどん山にハマっていきました。

だから学生時代の憧れの対象は登山家や冒険家でした。たとえば長谷川恒男という登山家は、世界三大北壁といわれるアイガー、グランドジョラス、マッターホルンの北壁三つを、世界で初めて単独で登った人です。また、関野吉晴という冒険家は、人類の起源といわれる東アフリカからユーラシア大陸を経て、アメリカ大陸に至る人類大移動の足跡を逆ルートで辿った人です。こういった人たちに憧れつつ、土橋敬司さんという山の師匠に巡り会ったのをきっかけに、日本の登山ではトップクラスの難関といわれている厳冬期の槍ヶ岳の北鎌尾根というクラシックルートも踏破しました。七〇歳を超えても挑戦し続けた土橋さんは、今でも北鎌尾根のどこかで眠っています。

後藤　山にハマったことがご自身の建築観に何か影響を及ぼしていらっしゃいますか。

小堀　そうですね。何で山にハマるかといえば、そこでまったく違う世界観や自然観が見つかるからですよ。瞬く間に光が変わり、風が吹く。雪山では音もなくなるんです。また、テントの中の空間も違った世界です。人間にとってギリギリの自然条件ですから。

イタリアの登山家兼作家ラインホルト・メスナーは「スピリット（霊性）、マインド（知性）、ボディ（肉体）の調和が取れていれば、無限のエネルギーにつながる潜在力を、私たちは本来もっているのだ」と言っています。登山では、そんなスピリチュアルな経験や世界観が得られるんです。建築も山と同じように、すでに「あるもの」をスピリット・マインド・ボディで最大化させ、増幅させるものだと考えています。

後藤　何やら尋常ではない探求心を感じますね。

▲ 学生時代に行った北鎌尾根

陣内研の日々

後藤　その後、大学では陣内研に入られたんですよね。

小堀　はい。とにかく山に明け暮れた大学時代だったのですが、卒業設計が学校代表で『近代建築』に掲載されて、その頃、建築の面白さを感じ始めました。ただ四年のゼミに進むとき、意匠系の研究室はコンペしかやっていなかったので、であれば世界中を調査している陣内研のほうが絶対に面白いと思い建築史家の陣内秀信先生の研究室に入ったんです。

陣内研は、本当に面白かったですね。様々な国をフィールドワークする研究室で、当時はイスラム都市を調査していたので、インパクトのあるスライドを見せられ、先輩にも一日中インドの話をしているような人がいたりして、多様な先輩方がいました。

僕の勝手な解釈では、「みんなで冒険をしよう」といった、ある意味エクスプローラー(探検家)的なゼミだったんですよ。もちろん研究もしっかり取り組んでいるのですが、僕にとっては様々な国に行って、「あの国最高だったよ」と言っているようなゼミに見えたんです。陣内先生の人柄も素晴らしかったですし。

そうこうしているうちに、ついに吉阪隆正という人を知るわけです。吉阪さんは建築家でありながら登山家としても有名で、著書を読んだら大変興味深い。僕は就職するときに、冒険家になるか建築家になるか迷ったんですが、「こんな道もあるんだ」と気づかされました。「建築も冒険だ」というマインドでやれば楽しいんじゃないかと。

イタリアにもハマりましたね。きっかけは、南イタリアの調査に参加させてもらって、市民が楽しそうに都市で生活していることに感動したことでした。調査に来たわれわれをどの家の人も歓待してくれるんですよ。ある家に行ったらそこで食事している友だちが「俺の家のほうがもっとすごいから見に来たら?」といった感じで、数珠繋ぎで見せてくれるわけです。

そういったイタリアの「自分の家が好き、建築が好き、都市が好き」という文化が素晴らしくて、日本もそうならなければと。そういう社会って、住み手も街も幸せにしますから、そんな場所を自分もつくりたいと思いました。

後藤　そうでしたか。それにしても、小堀さんの探究心と見たものにピュアに感動する力は、建築家として何かを追求する力にも繋がると思います。学生時代に身に付けられたのでしょうか。

小堀　陣内研では物事を深く観察することを学んだと思います。たとえば、建築がどんな意図でつくられ、どんな考えが込められているのか。それを一つひとつ小説を読み解くように味わうためには、実測しかない。それは設計者になるには必要な訓練だと、のちに気づきました。

後藤　つまり、感動した空間の寸法を知っていれば、自分がつくるときに逆算してその感動が再現できるかもしれないと。

小堀　そうです。写真じゃ絶対にわかりませんから。

設計者が何を意図しているのか、寸法にどんな秘密があるのか、探り当てるのは楽しいですよ。たとえばスリランカの建築家ジェフリー・バワが設計した「ライトハウス」というホテルは、段差のレベルが絶妙に設計されていて、一階に入るとまず目に入るのは磨かれた床。さらに進むと少しずつ視線が変わって、海が見えます。そもそも床がピカピカに磨かれているから、まるで海に繋がっているかのように見える。

そういった空間が与える効果を自分で再現するためには、寸法が重要な翻訳装置なんです。それは陣内研のフィールドワークで体得しました。それを知ったのは陣内先生に出会えたからです。

陣内研の実測方法は、先生がイタリア語で住まい手と話している三〇分の間に、全員が一斉に実測を始めるんです。陣内先生が「お邪魔しました」と出て行くまでに、圧倒的なスピードで全部メモしなきゃいけない。そしてホテルに帰り、みんなで持ち寄った紙をぱっと広げて、記憶を全部繋ぎ合わせていく。ただ単に見ているだけじゃないんですよね。

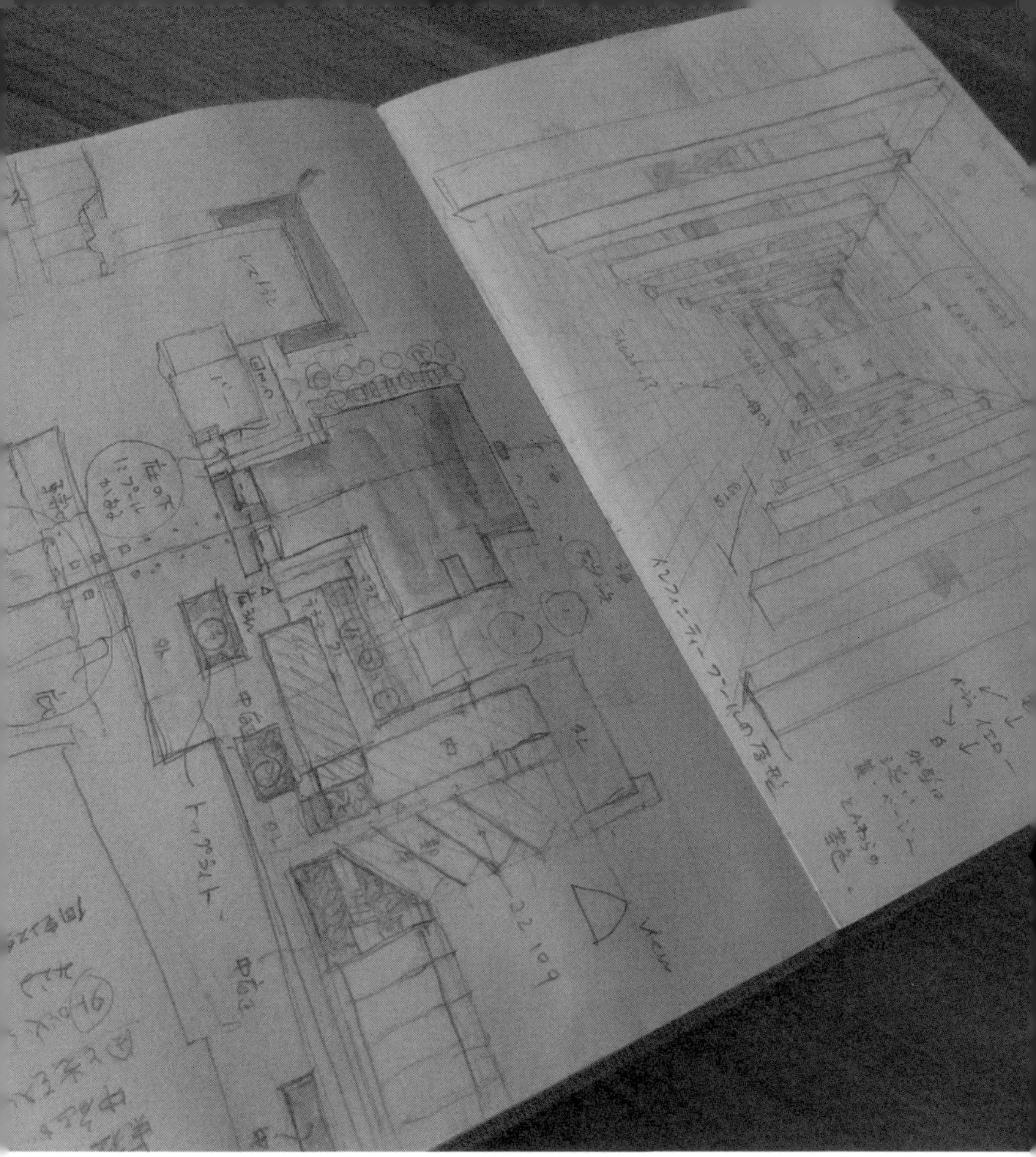

▲ ジェフリー・バワ設計の「ライトハウス」の実測調査を記したノート。描き溜めた実測ノートは何十冊にも及ぶ

僕はイタリアでその面白さにはまって、個人でもやるようになりました。

後藤　なるほど。山のお話で伝わってくる探究心と、空間に生じている効果を理論立てて解明してくという手法を学生時代に体得したことは、建築家としてアイデアを構想するための下地になっているのでしょうか？

小堀　意図的ではないにしても、今もやってることは、何も変わってない感じですね。

後藤　それにしても、建築家の研究室に行ってアイデアを構想するトレーニングに熱中する学生とは、全然違う道のりを歩んでらっしゃるんですね。

小堀　そうかもしれません。

久米設計に入る

後藤　小堀さんは組織事務所の久米設計に入られましたよね。当時の就職戦線はどのような状況だったのでしょう。

小堀　僕が就職した一九九七年はバブルが崩壊したのちの就職氷河期で、基本的にアトリエ事務所はどこも雇ってくれませんでした。

一方、アルバイトではアトリエ事務所から組織事務所まで様々なところに行きました。たとえば、内藤廣さんのアトリエでは牧野富太郎記念館の模型をつくらせてもらいましたし、丹下健三・都市・建築設計研究所（現・丹下都市建築設計）から独立した人たちが結成したアーキテクトファイブは「とにかくお昼ご飯をみんなで食べよう」と、外食して一時間半近くおしゃべりしたり、夜もみんなで食事に出掛け、なおかつコーヒーを飲む時間も必ずつくってくれたんですよ。所員もバイトも、コーヒー代を会社が負担してくれました。そんな和やかな時間を共有することによって、コミュニケーションを円滑にしていくという、とってもフラットな事務所でした。アトリエながら大手組織事務所の気風を受け継いでいるところが違うんだと思います。

また、陣内研のOBで、久米設計に勤めている先輩を訪ねてみたら、素敵なシャツで颯爽と打ち合わせをしていた。その姿に、組織設計事務所ってスマートだなと感じたんです。

後藤　実際に働き始めてから、久米設計で重要な出会いがあったと伺っています。

小堀　野口秀世さんという、僕にとって建築の師匠といえる方でした。もう亡くなってしまったのですが、その考え方に衝撃を受けたんです。部が違ったから直属の上司ではなかったものの、一緒にコンペに出しました。

後藤　つまり、色々相談できるメンター的な存在だったのでしょうか。会社のなかでそういう方に出会えたことが小堀さんの建築観を変えたんですね。

小堀　はい。建築って、こんなに面白いんだ、こんなに追求できるんだ、ということを教えてもらいました。

常に僕に問い掛けてくれたんです。「お前は何をつくりたいんだ?」と。この野口さんの言葉に建築家としてのマナーが凝縮されていますね。野口さんは常に説明を求めてきたし、野口さん自身も常に説明してくれました。

たとえば僕が新人のとき、色々な部長のところに挨拶に行くと、野口さんだけ「俺のプロジェクトを説明しよう」って言ってくれたんです。ほかの方は「頑張れよ」ぐらいですから。その頃の野口さんは四三歳でしたが、それだけ建築に没頭していた。圧倒されましたね。実際、二〇〇六年に「北上市文化交流センター さくらホール」(二〇〇六年)では学会賞も取られました。僕も「ROKI Global Innovation Center-ROGIC-」(二〇一三年、以下「ROGIC」)で学会賞をいただく前、野口さんに相談しました。そのときは病気だったのに「お前なら絶対取れるから応援してやる」って言って色々と教えてくれました。しかし、受賞の前に亡くなったんです。

野口さんが話す言葉の一つひとつが圧倒的な力をもっているんです。たとえば「実際、建築を創造することがもっとも安定した精神状態を与えてくれる」や「還暦は過ぎて再び

▲▲ 上下とも「ROKI Global Innovation Center」（設計＝小堀哲夫建築設計事務所、2013年）

自分を振り出しに戻す」など。還暦で亡くなったのが残念ですが。

後藤　哲学的というか、思想家的な部分もあったんですね。

小堀　大変本を読んでいる方でした。ホールをつくるのであれば、ホールのことを徹底的に解体し始めますし。だからこそホールで学会賞を受賞されたわけです。僕も独立したときから野口さんの言葉を事務所に貼り、忘れないようにしています。

後藤　つまり、そもそもホールって何だろうというところから考え直す方だったんですね。それを聞くと、組織事務所とアトリエを二項対立的に分けて、組織は量産するところ、アトリエが創造的なものをつくるところと一般的に考えられがちですが、組織にも創造性を発揮する人がいるってことですよね。

小堀　たくさんいます。組織だって面白いことはできるし、僕が今やっていることは組織時代と何も変わっていません。ただ組織にいれば、じきに管理職になって設計ができなくなってしまいますから、僕はそれには向いてないと思いました。

後藤　そう考えると、社会に出る学生にとっては、建築を面白がっている職場の先輩に出会えるかが鍵ですね。

小堀　僕にとっては野口さんがそうでしたからね。僕も、法政大学や名古屋工業大学で講師を務めているので、学生には「建築を面白くしよう」とばかり言っています。アトリエに入る意味ってそこかもしれませんね。面白そうにやっている人たちの空気を味わえると、自分にも面白いことが見つかると思えるのかも。でもそういう人は組織事務所でもゼネコンでもいると思いますよ。

後藤　一方でそういう人と出会っても気づかない人もいます。その違いは何なのでしょう。

小堀　なぜでしょうね。なぜか、僕にはすべてが新しいことに見えるんですよ。人にも、モノにも興味ありますから。

人との出会いが独立後の仕事をもたらす

後藤　久米設計を辞められたきっかけは何だったのでしょう。

小堀　組織事務所の設計は、どうしても効率化を追求する方向がビルディングタイプごとの雛形に落とし込むことで実現しているところがあります。たとえばオフィスだったら「両端コア」とか「センターコア」といった、こうあるべきという雛形があり、そこに落とし込むことで時間を短縮させて大量生産を可能にしているわけです。しかし野口さんは、スタートが逆でした。大きな模型と格闘しながら、市民や公共、人間を思考の中心に据えて設計していくので、同じものをつくらない。しかし企業は大きくなればなるほど効率化を求めるあまり、余計なことを考えずに早く答えを見つけ、合理的に設計図を仕上げる方向に動くわけです。九割方はそうですよね。

後藤 野口さんがそのような会社の体制に囚われずに設計できたのはどうしてですか？

小堀 大きな会社は船みたいなもので、海賊みたいなのが一人いたって問題ない。ただし、その人たちは儲けていないかもしれないが、体制には影響がない。逆に、そういう作品をつくれるのが企業の強みでもあります。アトリエだと赤字が出た瞬間に事務所を畳むことが頭をよぎりますから必死ですよね。僕はリーマンショックの頃に独立しました。

後藤 独立された時点では何か仕事があるという状態ではなかったんですね。

小堀 はい。でも辞める前に元のクライアントのところに挨拶に行きますよね。そのときにみなさん応援してくれました。

後藤 組織での経験が背景にあって仕事が来たということでしょうか。

小堀 それはあると思います。突拍子もないことはしないだろうと。ただ僕が選ばれたのは、独立したばかりだからやる気はあるだろうし、無理難題も絶対面白がって受けるだろうと。クライアントって結構、人のやる気に対してはシビアに判断すると思います。

また当時、『日経アーキテクチュア』で、リーマンショックに独立した人たちの特集があり、僕と日建設計から独立した人とドミニク・ペローの事務所から独立した人の三人が取材された記事が掲載されて、それをクライアントが見つけてくれたんです。そのとき、僕だけニコニコして載ってるんですよね。取材されたこと自体が嬉しいし、これからやるんだって気分でテンションが上がっていました。

後藤　不安はなかったのでしょうか。

小堀　不安はとてもありました。夜眠れませんでしたから。三年ぐらい契約という言葉が出ないまま物事が進み、様々な企業への提案のために絵を描いたり模型をつくったり。当時は僕と妻と前島さんという女性スタッフの三人で、家で仕事していました。

ただ最初は食えなかったけど、独立した人には、その人に向いた仕事がそれなりにあるから、そんなに恐れることはなかったなと、今になって思います。まわりの独立した人もちゃんと仕事が来ていますし、むしろ社員時代より稼ぎ、助けてくれる人も多くいました。

僕の父は大工の棟梁でしたが、独立した頃に良い言葉をくれました。「先を見過ぎるな」と。「目の前の仕事を一生懸命やれば、終わったときに自動的に次の仕事が来るもんだ」とも言っていました。

後藤　それ、いい言葉ですね！

小堀　「そんな保証はまったくない」と言い返しましたが、「そういうもんだ」って言い切ってくれたんですよ。それが安心感を与えてくれましたね。父がそうだったんでしょうね。不安な時期もあっただろうけど、一軒つくって評価され、次の仕事を依頼され…。その繰り返しだったのでしょう。ですから、「目の前の仕事を一生懸命取り組んでクライアントに喜んでもらえる建築をつくる、それだけを考えろ。だから先のことは考えるな」と言ってくれたんですよ。

後藤　じゃあ三年間はその言葉を反芻して？

小堀　「ROGIC」の設計をやっていました。リーマンショックの直後なのに、クライアントの社長は「やる」と言ってくれましたから。しかも、二〇一一年に東日本大震災が起きてメーカーからの受注が激減するなか、普通の経営者だったらイノベーションセンターなんて考えもしないのに、今がチャンスだと決断されたんです。今はあちらこちらでイノベーションセンターを建て始めていますから、その走りだったんですね。

後藤　社長は、どういうところがチャンスだと思われたのでしょうか。

小堀　時代の先を読んでいくんですよね。リーマンショックのとき、全企業のプロジェクトが止まったんですよ。しかし社長は「だからこそ動かす」と。多くが自粛して建築プロジェクトがストップしていくなかで、そこにこそ勝機を見つけようとしているんじゃないかと僕は思いました。

社長は僕に多大な影響を与えてくれた方であり、同時に応援してくれる方でした。「わが社の設計は小堀さん以外考えられない」と言い切ってくれましたし、「お前は絶対才能がある」とだけずっと言ってくれたんです。

僕をテツオ・コボリと呼びますしね。「世界に絶対行くから」と。そういうクライアントなんですよ。本当に感謝しています。

後藤 小堀さんのどこに才能を感じられたんでしょうか。

小堀 社長は「小堀さんのずば抜けた感性と、物事の本質を妥協せずに掘り下げる姿勢が、純粋に感動する建築に繋がっているよね」と言ってくださいます。「世のなかの多くの建築は、コンセプトをベースに隙なくロジカルに組み立てているように見えるけど、実際はコンセプトを感じられない建築ばかりだね」とお互いに対話しながら、建築の本質を常に求めていきました。

社長に、ルイス・カーンの「ソーク生物学研究所」（一九六五年）を例に挙げて「僕はこういう建築に感動するし、自分もつくりたいと思っている」と話すと、自分も見たいと言ってくれ、一緒にアメリカにも行きました。その行動力には、僕のほうが感動しました。

社長も、自らの経営哲学と僕の目指す建築に何らかの共通項を見出されたのでしょう。僕が「桂離宮も絶対見るべきだ」と言ったら、また一緒に行くんですよ。

後藤　多分、優れた仕事が実現するときというのは、そういった対話のなかでクライアントと建築家が同じ目標を見つけて走り出すからなんでしょうね。

小堀　その通りだと思います。面白い世界は共有し、そこに本質的なものがあるから、それを一緒に味わいたいと思いますね。「NICCA INNOVATION CENTER」（二〇一七年）でも、クライアントと一緒に槇文彦さん設計の「マサチューセッツ工科大学新メディア研究所」（二〇〇九年）など様々な建築を見に行きました。僕のクライアントの方は、そういうフットワークの軽さがあるかもしれませんね。

「本を一〇〇冊読むより二四時間掛けて現地に行ったほうが絶対いいですよ」と言いますし、それが真理だと思っています。実物を経験して、一緒にその良さを発見していくわけです。

後藤　発注者と請負ではなく、本当に一緒に考えてつくっている関係なんですね。そうでなければ、絶対良いものはつくれませんよね。

小堀　ですから、社長は学会賞の授賞式で「俺の作品なんだ」とおっしゃっていました。僕はそれでいいと思っています。施工者だって自分の作品だって思っていますし、建築はみんなでつくっていくものだと思うから。本当にいいと思える本質的な価値観を共有することが大事ですし、それを見つけられると、みんなワクワクするんですよ。そのためには、

▲▲ 上下とも「NICCA INNOVATION CENTER」（設計＝小堀哲夫建築設計事務所、2017年）

「本当にこれでいいのか、こっちのほうがいいんじゃないか?」と僕は常に問い掛けています。ですから、要件そのものが変わりますし、プロジェクトの規模自体もよく変化します。

後藤 それにしても「ROGIC」は、二〇〇八年にプロジェクトが始まって、二〇一一年ごろに実施設計が終わり、竣工が二〇一三年だそうですが、設計と施工が合わせて四年間掛かるって、長期的ですよね。

小堀 普通のプロジェクトは設計依頼から一年後に設計を終わらせ、さらに一年後に竣工という例が多いので、それだけ時間が掛けられたのは、幸運だったと思いますね。しかも僕が敷地の環境調査を提案して、直接、クライアントが調査会社に依頼し、一年間、毎日敷地の風向き、気温、温度を調べてくれたんですよ。それによって敷地の状況がわかったのが、すごく良かったですね。

後藤 社長のビジネスに対する姿勢には、小堀さんの事務所の運営方針も影響を受けているのでしょうか。

小堀 そうですね、常に挑戦すること、自分の可能性を拡張していくことがとても大事だと学びました。ただ、今事務所として使っているマンションの三階を借りることに決めたときは勇気がいりました。最初は自分の家だから家賃ゼロでしたし、僕と妻、スタッフ一人の三人しかいないなか、広いフロアを借りたんですから。何年か経って二階を借りたときも、社員全員が大反対でした。「仕事もないのにどうすんの?」って。でも「二階が空いたようだし、模型専用の部屋をつくりたいんだ」と言って借りたらすぐ、「NICCA INNOVATION CENTER」の設計が決まったんです。今、「梅光学院大学」(二〇一九年)の現場が進んでいるのですが、これも四階を借りてから設計が決まりました。普通は逆ですよね。それはROKIの社長流かもしれません。まず場所を借りて、「俺はやるんだ」って燃えたほうが次に繋がるのかもしれませんね。

建築は一人ではつくれない

後藤 そもそも独立して最初に手掛けたのは住宅ですか。

小堀 はい。組織事務所では住宅ができないから、独立したてのときは、とにかく住宅を設計したいという気持ちがすごくありました。今も四軒ぐらい動いています。

後藤 どのようなきっかけで住宅の仕事に辿り着いたのでしょうか。

小堀 まず手掛けたのは自分の姉の家です。一千万円しか予算がなく、間伐材を一本二千円でもらってきて、レゴブロック状に加工することで手で組み立てられるようにし、全員

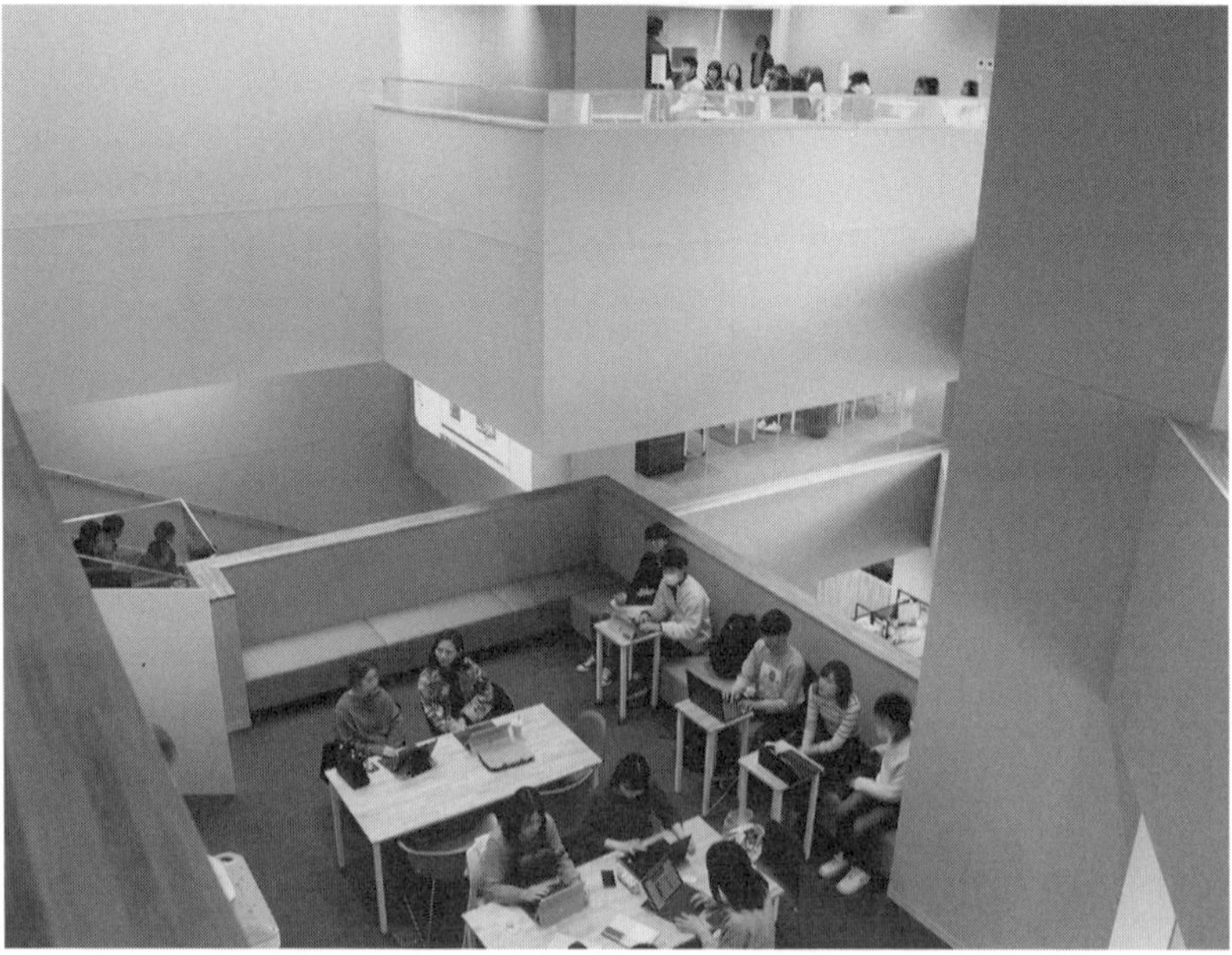

▲▲ 上下とも「梅光学院大学 The Learning Station CROSSLIGHT」（設計＝小堀哲夫建築設計事務所、2019年）

でログハウスを建てたんですよ。平屋の面白い住宅でした。その後は、僕が久米時代にお付き合いしていた方の自邸。今設計している医大の先生のお宅も、久米設計からの紹介です。医大病院を久米設計が手掛けていて、久米設計ではできないからということでした。メーカーやゼネコンからの紹介もありますね。たとえば東京理科大の研究棟もメーカーからの紹介です。

後藤　建築家のなかには、メーカーや現場監督を威圧的にコントロールしようとする方がいると聞いたこともありますが、小堀さんはそういったことがなさそうですね。

小堀　それは良くないと思います。結局そういう方たちの協力やノウハウでものができているし、ある種チームなわけですから。そういう意識は久米時代からもっていました。

僕自身がまだ入社して数年の頃、大きなプロジェクトをいくつも任され、そのときに色々なメーカーの方に助けられたんですよ。「こういうことやりたいんだけど、どうすればいいですか？」と聞いたときに教えてくれた技術者の方々とのネットワークが、独立したときのベースになっています。

ですから独立時、何のストレスもありませんでした。たとえば、独立してすぐ手掛けた「つくば臨床検査教育研究センター」（二〇一〇年）では道路側のカーテンウォールが浮いているのですが、そのときも久米時代に出会った昭和工機（株）の宿里芳信さんという素晴らしいエンジニアが「俺にとっては最後のプロジェクトになるから一緒にやりたい」と言ってくれて、良いものができたんですよ。

建築の世界は、やはりそういう人たちの集まりですよ。僕が久米設計を辞めたときに、彼らが「またやろう」と言ってくれたんです。おそらくクライアントもそういう感覚ですよね。

後藤　それにしても、久米設計から仕事を紹介されているということは、辞めても良好な関係が続いているんですね。

小堀　それは多分、向こうが忙しいのが半分で、もう半分は一緒だと何か面白いことができそうだという期待感があるのかもしれません。コンペを協働で応募することもあり、実施に結び付いた仕事もいくつかあります。

後藤　小堀さんの話を聞いて、学生にも、建築は一人でつくるものではないことを知ってほしいなあと。スタッフとしてアトリエで働いている人も、今の人間関係が独立したときにスライドし、場合によっては仕事をくれるかもしれないと思っておくといいですね。

小堀　人間関係は財産ですからね。全員がクライアントだと思ったほうが良いですよ。

▲「つくば臨床検査教育研究センター」(設計＝小堀哲夫建築設計事務所、2010年)

均質空間へのアンチテーゼ

後藤　小堀さんは以前、「ユニバーサル・スペース」という言葉について、「建築・構造・環境の三つが融合することで、初めてミースが提唱した空間になる」という主旨の発言をされていましたね。

小堀　批判を込めた勝手な意見ですが、本来ミース・ファン・デル・ローエがこの言葉を使い始めたのは、ちょうど鉄骨造で大スパンの空間を実現させた頃ですよね。彼は圧倒的に自由な行動ができる空間を夢見たわけですよ。かつては柱がいくつもあって行動が制限されていたのを圧倒的に変えた。つまりユニバーサル・デザインと同様に、多様性のある人たちが使ったり、自由な行動ができるイメージだと思うんです。

ところがビルのなかで展開するうちに、いつの間にか形式化し、均質化して、大量生産、効率、合理性という世界に置き換えられ、コピー・アンド・ペーストを始めてしまった。そして周囲を天井カセット型エアコンやシステム天井、ＯＡフロアといったユニットで固め始め、温度や照度など、何から何まで制御する、均質な空間パッケージができ上がってしまった。

ミースはそんな空間を提唱したわけではありません。ユニバーサル・デザインは身体にハンディを抱えた人でも使うことができるのに、ユニバーサル・スペースならぬ均質空間は多様な人たちや自由を排除する方向にありますからね。僕はそこに圧倒的な不均質性を入れ込んでいいと思っています。たとえば、設備的にも本来は色々なシーンがつくれるのだから、いろんな温度設定ができるパーソナルな空調や多様な照度が設定できる照明を使ったり、まわりの自然環境と呼応することで、その場にしかない空気を建築に入れ込みたい。それによって人間が活き活きと動き始めて、より本質的なユニバーサル・スペースができるだろうと。それが言いたかったんです。

後藤　その考えはいつ頃から生まれたんですか。

小堀　「ROGIC」で学会賞を取った頃ですね。「ROGIC」は階数が必要なので床を立体的に構築していますが、基本は柱のないワンルームなんですよ。にもかかわらず、環境は明るかったり暗かったり、天井が低かったり高かったりと、多様性が生まれている。これはある意味ユニバーサル・スペースだと思ったんです。多分ほかの人は違うと言うだろうと思っていたのですが、審査員の一人だった日本設計の篠崎淳さんが「確かにユニバーサル・スペースだよね」と言ってくれたんですよ。そこから言い始めたんです。ル・コルビュジエがドミノシステムを見つけたのもまったく同じ意味だと思いますし。つまり、システムを提案したのではなく、それによって可能となる人間活動の自由さを提案しているということです。

子どもに親の職場を見せる

後藤　仕事とプライベートが両立できたと思うのはいつ頃からでしょうか。

小堀　時間的に両立はなかなか難しいですね。子どもは今、小学校四年生と一年生で、できるだけ会社に連れて来ています。僕も小さいときに親の仕事場で遊んでいましたから、何も教えてないけど、子どもには親が働いている姿を見せるのが一番いいと思って。昨日も、その辺をうろうろしていました。「迷惑掛けないようにしてね」とは言っていますが。あと、様々なところに一緒に連れて行くようにしています。

妻は今、会社の代表になって、経営や契約全般を担ってくれています。しかも子育ても任せきりですから、本当に感謝しています。

みんなでアイデアを出し合う

後藤　組織運営としては、どのようなことを心掛けていらっしゃいますか。

小堀　常日頃心掛けているのは、仕事ができる人や新人というヒエラルキーができるのはしょうがないとしても、アイデアはできるだけお互いに出し合おうと。とにかく自分の関わっている作品を壁に貼る。そうすると、その場で議論が始まるんです。壁は全部ホワイトボード仕様にして、とにかくコミュニケーションを活発にしています。

また最近は海外から働いてみたいという応募が来るので、いい子には入ってもらっています。だから英語はみんな覚えるようになりました。それはいいなと思っています。

後藤　事務所の経営方針についてもお話を伺えたら嬉しいのですが。

小堀　今の課題は、プロジェクトマネージャーとなるスタッフの育成でしょうか。もちろんスタッフも育ってくれているのですが、プロジェクトの規模が大きくなると、よりそういった人材が必要ですよね。

後藤　スタッフはどういう構成ですか。

小堀　一番長いスタッフが一名、あとはほかのアトリエ事務所から来た人など年々増えています。

▲ 2階の模型室。壁には進行中のプロジェクトのパースや写真が貼られている

重要なのは余計な事は考えずに、建築のことだけを純粋に考えること。結局、それしかないのだ。
建築とは、その発想の発端で殆ど勝負が決するといっても過言ではないようだ。どのような空間も、単に機能的な設定のみでなく、建築的な語彙を充分に含んでいなければ、事実上豊かになりようがない。
カフカの小説の中に出てくる人間は、誰も、すべて、よそよそしい。ようするに、読んでいて通じ合うことが一切出来ない。
私は建築の中に精神を見ようとしたまでだ。我々の心をゆさぶるような凄じい建築を夢見たまでだ。それは芸術的だ。芸術的建築、精神的建築。それが私の望んできた総てだった。見せかけの、仰々しい、大げさで、どこか馬鹿々々しく誇大妄想的な建築。私が創ろうとしていた建築は、単にそんなものでしかなかったのだろうか。
私は自分の建築をつくりたい
暮れかかる太陽と空一面に散っている雲の他には、北の方では既に暗く青色に沈んでいる漠とした空間のみが拡がっている此の天空に、一体何が潜んでいるのか。
フランク・ロイド・ライトの透視図鑑と対面する。その表現方法、その色彩の無類の深遠さ！
そうすることで自分が組み立てられていくのだ。自分の中にある平均的指向の傾向はたたきつぶそう。
白井晟一の建築
建築を規定していく格率を絶えず
定していく建築。
同一場所を別様に体験する事。記憶と現実との不調和、不一致とそれから生ずる時の流れの不確かさに着目すること。時の流れや空間の奥行き、離りを崩しながら、現実をぐらつかせる事。
人間の宿命、
世の儚なさ、

▲ 壁に貼られた久米設計時代の師、野口秀世氏の言葉。『野口秀世追悼小冊子』より抜粋

最近気になっているのは、せっかく僕たちの事務所に興味をもってくれて、すごく優秀なのに「迷惑を掛けるかもしれないし、私でやっていけるでしょうか」と心配する子がいるんですよ。不安になる気持ちもわかりますが。

後藤　即戦力が求められているイメージをもっているのでしょうか。

小堀　確かに大小様々なプロジェクトをやっていますからね。アトリエのほうが助け合いのシステムはあると思います。しかも所長に直接教えてもらえますし。

組織事務所だと、過去の図面を参考にさせることもあるので、新しいことに一緒にチャレンジできるのは、アトリエのほうがいいでしょうね。

後藤　組織事務所は設計そのものが分業化されてしまうのではないかと思う人もいるでしょうね。僕がいた会社でも、マンションチーム、商業チーム、公共チームとわかれていました。

小堀　会社によると思います。久米設計は比較的フラットでしたね。そもそも作風がないし、みんな好き勝手やっていました。そういう意味で僕は本当に運が良かったですね。いきなり入社して任されたのがコンペで、しかも取れちゃったから。

ものづくりの楽しさを取り戻す

後藤　現在はどのようなプロジェクトが進行中ですか。

小堀　一つは「べにや」という、一度火事で焼失してしまった福井の温泉旅館の再興計画に携わっています。「べにや」は天皇陛下も泊まるような老舗で、焼失したのは重要文化財の建築でした。

そこで実現しようとしている設計の取り組みは、食材と料理人に近いですね。旅先では地元の料理人が地元の食材でつくった料理を食べたいと思いますし、そのほうが確実に美味しいです。しかし建築は圧倒的にグローバルになってしまって、どこの材料を使っているかよくわからないうえ、誰がつくっているのかわからないのが現状ですよね。旅館を手掛けるにあたって、「旅館の食べ物って大事だな」と思ったときに、「建築もそれが大事じゃないか」と思い始めたんですよ。

ですから「べにや」は、ものづくりの文化的側面における繋がりの再構成をやっています。地域の食材、食器、土職人、大工、材料、木材、瓦、それらのうち何が廃れているのか。たとえば越前焼の職人が数人しかいないのがわかったので、その人に器をつくってもらいます。このように、繋げるべきものが、探せば探すほどあるんですよ。それをイタリアに一〇年住んでいた板倉満代さんという地元の設計事務所の方と一緒に調べて、すべてそういったロジックでつくってみたいと考えています。

旅館にはなぜ独特の雰囲気が漂うのかというと、大抵はリノベーション、増築なんです。しかも地元の大工さんを呼んで「ちょっとやって」みたいな感じだから、一気につくり上げるということはほとんどない。それによって醸し出される旅館独特の雰囲気もあるんですね。

僕も以前の「べにや」に泊まったことがあるんですよ。すごく怪しくて暗くて、でも懐かしく、迷宮空間があって、モダニズムとは対極のものです。何かが出てきそうなね。おそらくそれは求められていないけれど、僕は元々もっている「べにや」の怪しさみたいなものを新築で実現することに今、燃えています。

そのためには地域のオーラが大事なんです。つくり手もそうだし、材料もそうだし。日本はどうしても新しいものをつくり、旅館も潰れてしまいがちですが、世界的な目で見ると、古くからあるものにこそ価値がありますから。そのために様々なものづくりの人々に会って、実際にものを見て、とにかく地域性とものづくりをリスペクトしたものができないかと模索中です。

ですから、今回は僕にとってまったく未知の世界なんですよ。新しい空間としてつくればいいのではなくて、圧倒的に元のものをリスペクトして、その良さを最大限に活かしながらモダニズム建築をつくろうと思っています。

後藤　それは楽しみですね。

小堀　僕のルーツは代々大工なので、究極のところ、ものをつくりたいというのがあるし、ものをつくる技術を早く身に付けたい気持ちがずっとありました。

以前、建築家協会で三重県の松阪の街を見に行ったときに、竹小舞を組んで土を塗っている左官の職人さんたちに会ったんです。今、土壁なんてボードを貼って土を塗れば簡単にできますよね。どうして竹小舞からつくっているかと聞いたら、その人は「一つ一つ竹小舞から組んでいったら、これは俺がつくったってことだから、それが楽しいんだよ」と。それを聞いて、僕はハッと気づいたんです。建築って「楽しさ」の塊かも、と。

確かに僕も、父の元でバイトをしているときに印象深い現場があったのを思い出しました。「目出し」といって、天井に張る板の柔らかいところを磨いて年輪を浮き上がらせた浮造《うづく》り仕上げの竿縁天井にするんですよ。そうすると板に威厳が出て、やった部屋とやってない部屋では圧倒的に価値が違う。つまり素材を生かすためにひと手間加えることを大工は知っているし、それが代々受け継がれている。こうした気の遣い方で彼らは古いものと新しいものを馴染ませて、きっちりつくっていくわけですよね。

後藤　名古屋で施工も手掛けている宇野友明さんという建築家が、「職人を育てられるのは建築家しかいない」と言っていました。そして「自分の難しい仕事を職人さんにやってもらうことで技の継承を試みている」と。そういう話とも繋がるかもしれませんね。

夢・空間・想いを実現できる最後の砦

後藤　最後に、建築を学ぶ若い方に何かメッセージを一言お願いできますか。

小堀　まず、頭でっかちにならないほうがいいと思います。僕も学生時代、建築家の本などで色々な情報に目を通して、時代の流れがわかったような気がした時期があったんですよ。でも、その気分のまま卒論を書いたら、陣内先生に「孫悟空のようだね」と言われたんです。おそらく「孫悟空はお釈迦様の手の上でしか飛んでないのに、すごく遠くまで飛んだように錯覚した。あなたも色々調べて意気がっているけど、世界はもっと広いんだ」と言われたんだと思います。

つまり自分が考えていることよりも世界は広いから、とにかく何ごともチャレンジして、あらゆるものを経験すれば、最終的には肥やしになるし、ネタになる。自分の力になってくる。そんな気がしますね。でも今は建築がリアルなものと思っていない建築系の学生が結構いると思うんですよ。それはもったいない気がします。

後藤 本当にそうですね。

小堀 建築について、僕はどちらかといえば色々なことを考えて、色々と入れ込むタイプだけど、まったく真逆なシンプルな建築があっても良いと思っています。アート以外のプロフェッショナルな仕事では、建築だけがその幅広さを認められていいんじゃないかと思っています。これをやっちゃいけない、あれをやっちゃいけないってことを唯一ちょっとだけ許されているのではないかと。そんな気がしているんです。

ものごとって、最大公約数的につくっていくとどんどんみんなテンションが下がってくんですよ。世のなかそういうものばかりだけれど、建築は唯一、最大公約数でつくる必要がないものだと思っていて。夢や空間や、想いといったものが実現できる最後の砦ですよ。

213　小堀哲夫［小堀哲夫建築設計事務所］

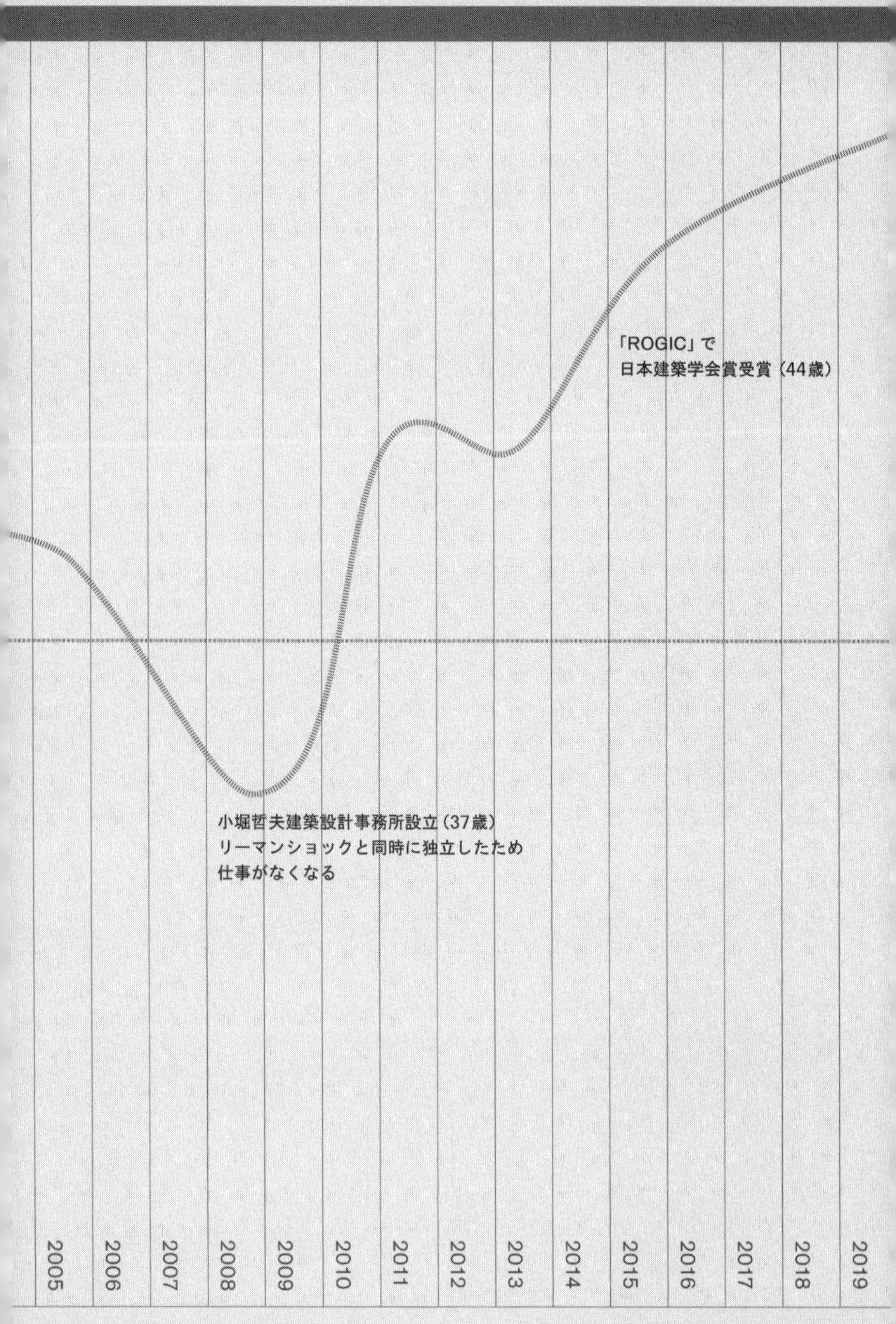
「ROGIC」で
日本建築学会賞受賞（44歳）
小堀哲夫建築設計事務所設立（37歳）
リーマンショックと同時に独立したため
仕事がなくなる
2005
2006
2007
2008
2009
2010
2011
2012
2013
2014
2015
2016
2017
2018
2019

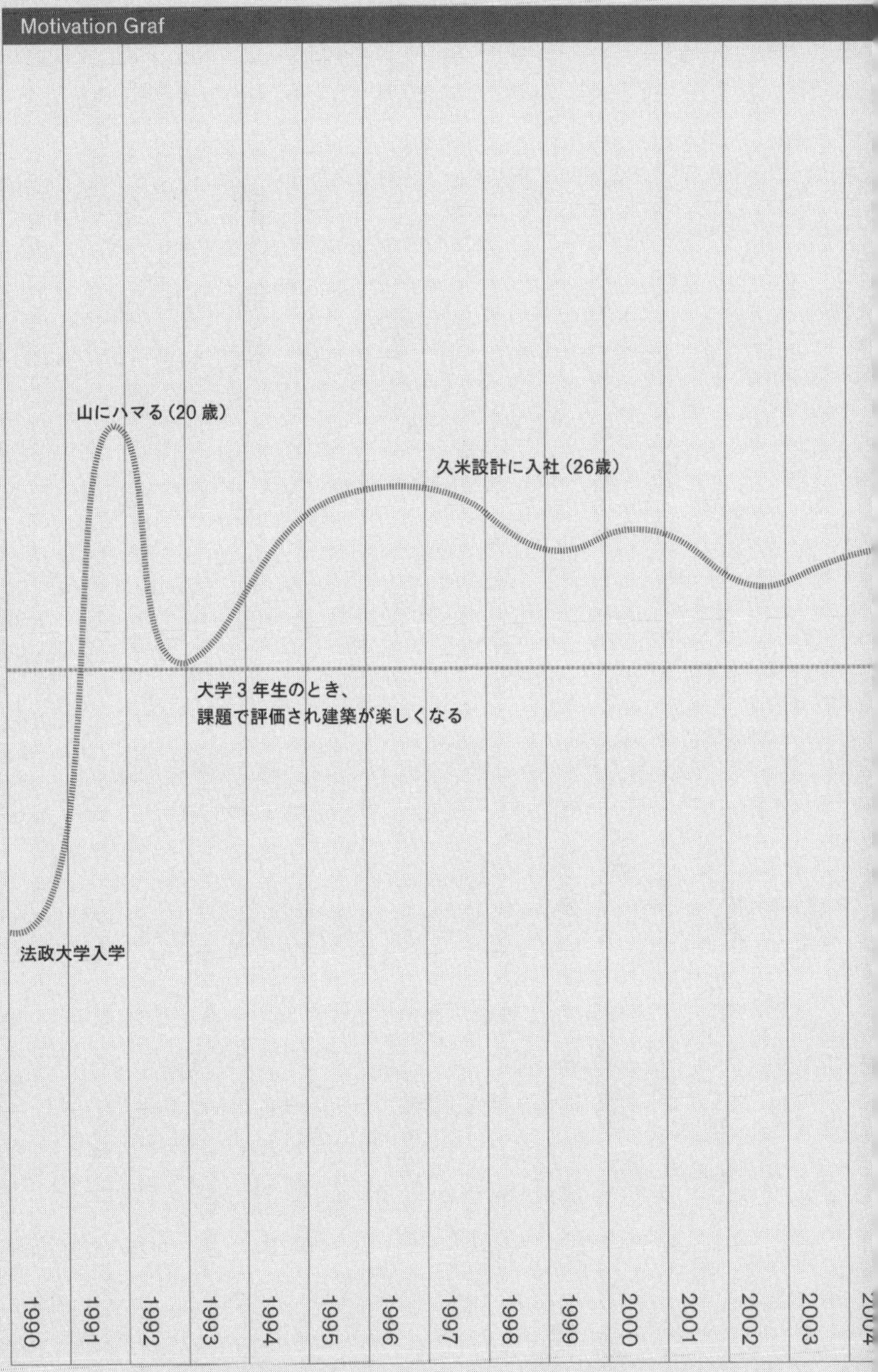
Motivation Graf
山にハマる（20 歳）
久米設計に入社（26歳）
大学 3 年生のとき、
課題で評価され建築が楽しくなる
法政大学入学
1990
1991
1992
1993
1994
1995
1996
1997
1998
1999
2000
2001
2002
2003
2004

interview 6

琴線に触れるもの、違和感と選択

五十嵐淳［五十嵐淳建築設計事務所］

20代は建築について語れる友人もおらず、孤独を感じていたという五十嵐さんだが、雑誌に初めて掲載された1作目でいきなり吉岡賞を受賞。自分が琴線に触れるものが何か、違和感が何なのかの選択を繰り返し、迷いつつも、ストイックに建築をつくり続けている。

1970年北海道生まれ。1990年北海道中央工学院専門学校卒業。1991〜95年BEN建築設計事務所勤務。1997年(株)五十嵐淳建築設計事務所設立。現在、同事務所代表。

大工の作業場が遊び場だった子ども時代

山﨑　五十嵐さんが建築の道に進んだきっかけはお祖父様にあると聞いています。

五十嵐　僕の祖父は大工の棟梁でした。若い頃は工兵といって、戦地で橋や宿泊施設をつくっていたようです。曾祖父は下駄職人だったようですが、祖父が戦後に佐呂間町に入植して、大工をやりつつ、冬はソリなど木で製作可能なものを色々つくって売っていたらしいです。そういう祖父の影響が強かったかな。

僕が生まれたときは、建築業に専念していました。うっすらとしか覚えていませんが、住み込みの職人さんが何人かいましたね。あと家の中に猫がたくさんいた記憶があります。

近所には古くて町家のように奥行きが深い家が並んでいました。子どもが遊べるような路地があって、自宅の周辺には祖父が所有している借家があって、その裏に長屋が三軒ほどあって、さらに裏に借家やアパートが建っているという敷地でした。

祖父の建てた借家で囲われた中庭や路地、隣の神社でよく遊んでいましたが、家の向かいに木材を刻んだりする作業場があったんです。僕が生まれたのは昭和四五年ですが、当時、地方では建材屋さんがまだ力をもっていました。祖父も建材屋さんと付き合いがあって、すごいシステムだと思うのですが、年度の初めにドサッと現物を納品しに来るんです。

グラスウール、キッチン、建具など、住宅の注文が来たわけではないのに大量に倉庫に山積みにされていました。注文が来たときにそれらを使って建てる仕組みになっていたんです。間取りくらいは打ち合わせするけれど、情報がないから、みんなそういうものだと思って家を建てていたのでしょう。建材置き場を兼ねた作業場は子どもにとって格好の秘密基地で、遊び場の一つになっていました。

建築に関係する場所という意識はとくにありませんでしたが、僕はおじいちゃん子で、祖父のことが大好きだったから、「大工って面白そうだな」という感じで興味はありました。木っ端で遊んだり何かつくったりは日常茶飯事で、山積みになったグラスウールに登ってジャンプしたら、ガラス繊維が刺さりまくって、チクチクしてひどい目にあったこともありました。一度怒られたのは、木を集めて、たき火を始めたところで見つかって。それはどえらい怒られましたね。「火事になるだろう!」と。当然ですよね。

山﨑　やんちゃな男の子だったんですね。

五十嵐　そうですね。中学に上ってからも、不良ではなかったのですが、親もうるさくなかったし、割と自由にしていました。夏休みになるとキャンプへ行くと言って、サロマ湖畔にキャンプ場でもないのに、友だちとテントを建てて、そこで一週間生活していましたね。今、ホテルになっちゃった場所ですけれど、サロマ湖に一・五メートルか二メートルも潜ると、ウニや牡蠣、ホタテが採れるんですよ。採れたのをその場で焼いて食べたりして。よく許されたなあ。

その一方で、小中学生の頃から『Hot-Dog PRESS』とか『POPEYE《ポパイ》』という雑誌をよく読んでいて、東京やおしゃれなものに対する憧れが強くなっていました。インターネットがなかったし、飛行機は高いから物理的に距離がある。となると、雑誌媒体で情報を集めるしかなくて、飲食店や洋服屋の情報や、インテリアとか、気になる記事は切り抜いてスクラップにしていました。

山﨑　インテリアデザインにも興味があったんですね。

五十嵐　ありましたね。高校に入ってからは、北見市という佐呂間の隣町に引っ越して、下宿してました。世間が寛容だった時代なのか、普通にみんな歓楽街にも行ってました。当時の北見市は周辺町村の漁師さんや農家さんが飲みに来るので歓楽街が賑やかだったんです。彼らはみんな飲んで朝方帰るんですよ。

その頃、街に一軒おしゃれなビルができました。今見たら普通かもしれませんが、地下にディスコが入っていて、二階はカフェバーで、三階か四階にカウンターだけのバーがありました。そのカウンターが三〇メートルぐらいあって、おしゃれで格好良く見えたんです。単純ですけど、「こういう場所をつくれる仕事って格好良いな」と思ったのは、大きなきっかけになりました。

設計事務所で普通のつくり方を学ぶ

山﨑　学校生活はどうでしたか。

五十嵐　高校時代の成績は悪かったですね。本当に勉強をしなかったし、授業中はほぼ寝ていました。

バスで通学してたんですけど、混んでいるバスに乗りたくないから、もう少し遅い時間の空いているバスに乗るようになって、堂々と遅刻を繰り返していたんですよ。そのバスには僕みたいないい加減なやつしか乗って来ないので、だいたい友達でした。

単位の意味すら知らなくて、しょっちゅう補習を受けていましたし、そんな調子だから大学なんて行けるわけないし、浪人しても勉強しないだろうから専門学校でいいやと思って。すぐ就職する気もなかったし、それしか選択肢がありませんでした。

最初はインテリアデザインの専門学校に行こうと思ったんですけれど、インテリアに行っちゃうと建築に戻れないと思ったし、建築の一部がインテリアだから、まずは建築をちょっとかじっておこうと、何となく思っただけなんです。それで札幌の建築専門学校に行ったわけです。もちろん札幌に行きたいという理由もありました。

山﨑　専門学校は建築実務に特化した学校だったのですか？

五十嵐　そうです。資格を取るために、法規、構造、設備、建築計画という科目で。設計の授業もあって、真面目ではなかったけれど設計の授業だけは楽しかったですね。

でも学校の先生に「お前に紹介できる設計事務所はない」と言われてしまって。専門学校って、就職率が学校の最大の売りなので、就職先お得意様みたいな企業があるわけですよ。そこに一度変な学生を送り込んじゃうと、その企業との縁が途絶えるから学校も慎重で。就活の年、初めて学校に求人を出して来た設計事務所があったので、「ここだったら紹介してやる」と言われて、設計事務所ならどこでもいいと思っていたので、面接を受けて、その事務所に就職しました。

山﨑　どのくらいの規模のところだったんですか。

五十嵐　五〇代ぐらいの所長を含めて四人程度だったと思います。北大の近くにあるマンションの一部屋が事務所でした。そこはハウスメーカーのコンサルみたいなことばかりやっていたから、あちこちのハウスメーカーの図面を描くのが仕事でした。営業マンと一緒にお客さんのところへヒアリングに行って、まず一〇〇分の一の平面図と、立面図を描くんですよ。もちろん手描きです。

各ハウスメーカーごとに仕様書から電気図までフォーマットが全部決まっていて、一式、五〇〜六〇枚の図面を描くんです。事務所に入ったばかりの頃は描けないから、展開図ばかり描かされて、そのうち描けるようになると、毎回決まった平面図と立面図をもとにひたすら平行定規を使って描き続けるんです。そんなに遅くまで残業する事務所じゃなかったですが、だいたい平均すると毎日三〜四枚図面を描きましたね。本当によくやってたな。月に二〜三軒描いていた記憶があるけれど、それが年中続くわけです。土曜日は普通に仕事していて、日曜日は一応休めました。よく五年間続けられましたよね。

山﨑 現場に行ったりすることはまったくない事務所だったんですか。

五十嵐 基本的にはなかったですね。ハウスメーカーって完全分業で、図面を納品したらもうその仕事は終わりなんです。たまに、勉強させようという意図があったのか、現場へ連れて行ってもらいましたけど。

山﨑 そこで何か身に付けられたということものは?

五十嵐 「普通ってこうなんだ」ということがわかりました。

部位ごとにつくり方のマニュアルがあって、寸法体系やその根拠も含めてわかりやすく解説してあるんです。たとえば「洗面化粧台の高さは七五〇に。あまりに高過ぎると、顔を洗ったときに肘に水が伝わって濡れてしまう」とか、動線計画についてもしっかり書いてあって、勉強になりました。

山崎　振り返ると、楽しい時間だったのでしょうか。

五十嵐　いやいや、苦痛の五年間でした。同じことの繰り返しだったので。

ただ同じことを繰り返していれば、考えなくても描けるようになりますよね。そのうち、描きながら色々な妄想を始めました。平面図を描きながら「こんな家格好悪いよな」とか「こうしたほうが良くなるんじゃないか」とか。また事務所にはなぜか『新建築』や『住宅特集』のバックナンバーが並んでいて、昼休みとか暇な時間にパラパラ見ている時間は楽しかったです。あと、『GAディテール』というシリーズで、ミース・ファン・デル・ローエのファンズワース邸の詳細図が載っている号もあったんです。それも好きで繰り返し見てました。

山崎　そうすると、五十嵐さんはその事務所で初めてミースに出会った?

五十嵐　そういうわけではないのですが。専門学校の建築計画の教科書にル・コルビュジエとかミースという名前が出てきても、あまりイメージが湧きませんでしたが、雑誌で見ると迫力があって格好良かったし、憧れが強くなりました。

山崎　独立を考えたのは、お仕事が来たからか、それともとにかく辞めようと思われたのでしょうか。

五十嵐　辞めるのが先でした。木造は一通りわかったので、これ以上いても特段何も得るものがなさそうだし、何よりきついなと思って。確か二五歳になっていました。

山﨑　その前後に一級建築士の資格を取られたんですよね。

五十嵐　学科は一発で、製図は一度落ちたので、次の年に再度受けて合格しました。今でも一度目の製図試験に落ちたのが腑に落ちなくて。だって、めちゃめちゃ描くのが早かったから三時間ぐらい余って、どこかミスをしていないか全部チェックしたぐらいなんですよ。次の年も同じ状況だったので、またチェックして。二度目は受かりましたけれどね。

山﨑　その頃、建築雑誌に登場した建築で影響を受けたものはありましたか?

五十嵐　何しろ仕事で関わっていたのはハウスメーカーの物件ばかりだから、雑誌で見るものとずいぶん差があるわけですよ。

一番びっくりしたのは、妹島和世さんの「PLATFORM」（一九八八年）です。一九八八年に掲載されて（『住宅特集』一九八八年一〇月号）、僕が見たのは一九九一年とか九二年ですが、同じ雑誌に載っているほかの住宅は沈んで、時間の流れに「食い殺されている」ように見えたのですが、あの建築だけはピカピカ光って見えたんです。「何だこれは」と思って。そのあとに「PLATFORM II」（一九九〇年）が登場した号（『住宅特集』一九九〇年七月号）もやっぱりびっくりしたんですよ。しかも名前を見たら同じ人だし。この人はとんでもないんじゃないかと思って。それからずっと妹島さんの追っ掛けみたいな状況です。今でもすごく影響を受けています。

山﨑　何かの機会に実際に見に行ったことはないんですか？

五十嵐　ずいぶんあとになって、妹島さんの国内の建物を見に行きましたね。岐阜の「国際情報科学芸術アカデミー　マルチメディア工房」（一九九六年）とか、集合住宅（「岐阜県営住宅ハイタウン北方南ブロック」第一期：一九九七年、第二期：二〇〇〇年）とか、「熊野古道なかへち美術館」（一九九七年）とか。

とにかく感動しました。「マルチメディア工房」なんて本当びっくり。誌面で見たときもびっくりしましたけど、「こんなことがあり得るのか」というくらい。何より驚いたのは、概念です。考え方によって建築は、こうも全然違うことが起きるのかと。

巧みにつくっているものとか、うまいと思えるものには興味はそれほどなかったんですよね。そちらは経験を積み、極めていけば自分にもできるだろうといううぬぼれがあったから、それより新しい世界を見せてくれる人に憧れました。それが一番強かったのが、妹島さんでした。

一方で、安藤忠雄さんの作品にも感動しました。専門学校で見た本に昔テレビで見たことのある「住吉の長屋」（一九七六年）と「光の教会」（一九八九年）が載っていたんですよ。どこに感動したかというと、たとえば「住吉の長屋」は家の中に「外」があることでした。北海道にはめったに中庭がないし、体験したことがなかったから、家のドアを開けたら外があって、そこを通り抜けるとまた家に入る？　なんて格好良いんだろうと。だからコンクリートの打ち放しではなくて、その「状態」に感動したんですよ。その瞬間、「建築家は格好良い！　目指したい」と思って以来、そこは迷ったことがないですね。「建築家」と名乗るのに資格が必要なのかとか、どうやったら建築家になれるのかを調べたのを覚えています。

山﨑　たとえば妹島さんの事務所で働こうとは思わなかったのでしょうか。

五十嵐　そう思うでしょう？　でも建築家の事務所で働けるなどという知識が一切ないし、そういう人がまわりに誰もいないから、一ミリも考えませんでした。

そういうものですよ。有名アトリエに出入りしている学生がいるなんて僕が専門学校のときは聞いたこともなかったし、知らないわけです。ましてや建築家の事務所で働くなんて、とんでもない話で、リアリティのかけらもない。たとえば、僕は小中学校で野球をやってたんだけれど、仮に全国レベルの人がチームにいたら、全国っていうものをリアルに感じたでしょう。でもそうじゃなかったから、プロを目指そうとも思わなかったし。それと同じですよ。

　ただ妹島さんが白い床材を使っているのを見ると、「この素材は何を使っているんだろう」と思うわけです。『住宅特集』に建材のメーカーや品番まで詳しく載せている建築家もいらっしゃいますが、妹島さんはそうではなかったので。僕は実家が工務店だから、建材屋さんにお願いして、とにかく白っぽい床材のサンプルを全部取り寄せて写真と比べました。ポリカーボネートも同様、当時たくさんメーカーがあったので、妹島さんは一体どのメーカーのどの色のポリカーボネートを使っているのか、見本を全部取り寄せて並べて推測しました。

　そういうことは前の会社で働いていたときからやっていましたね。技術や材料など具体的な方法がわかれば自分も設計できると思っていたので、それだけ知りたいと思っていました。

実家の社屋建替えを機に独立

山﨑　そうこうするうちに、家業の工務店の社屋を建て替える計画、「白い箱の集合体」

（一九九六年）が立ち上がったんですよね。

五十嵐　とにかく早く建てたかったし、作品をつくらないと建築家と名乗れないと思っていたから、これは絶好のチャンスだと思いました。

山﨑　工務店の三代目になるのは、自然な流れだったんですか。

五十嵐　そこにはあまりリアリティをもっていなくて、つくれたら何でも良かったんです。状況とか立場とか、どうでもいいんです。今でも割とそうだから、社会にあまり順応できていないんだけれど。

とにかく何案かつくって親に提案して、ダメだと言われて、またつくって提案しての繰り返しで、今建っている案でようやく了承を得たので建てさせてもらったんですけれどね。

山﨑　「白い箱の集合体」は建築学会の北海道建築奨励賞を受賞されたんですよね。

五十嵐　その賞は自分で応募できると知っていたから応募したんです。現地審査があって、建築家の審査員がやって来て、北海道にも建築家がたくさんいることをそのとき初めて知りました。

山﨑　その当時は実家のお仕事もしてらしたんですか?

五十嵐　五十嵐組という工務店ですけれど、手伝いはしていましたよ、もちろん。現場にも行きましたし。とはいえ、そんなに忙殺される日々ではなかったし、たっぷり時間はあ

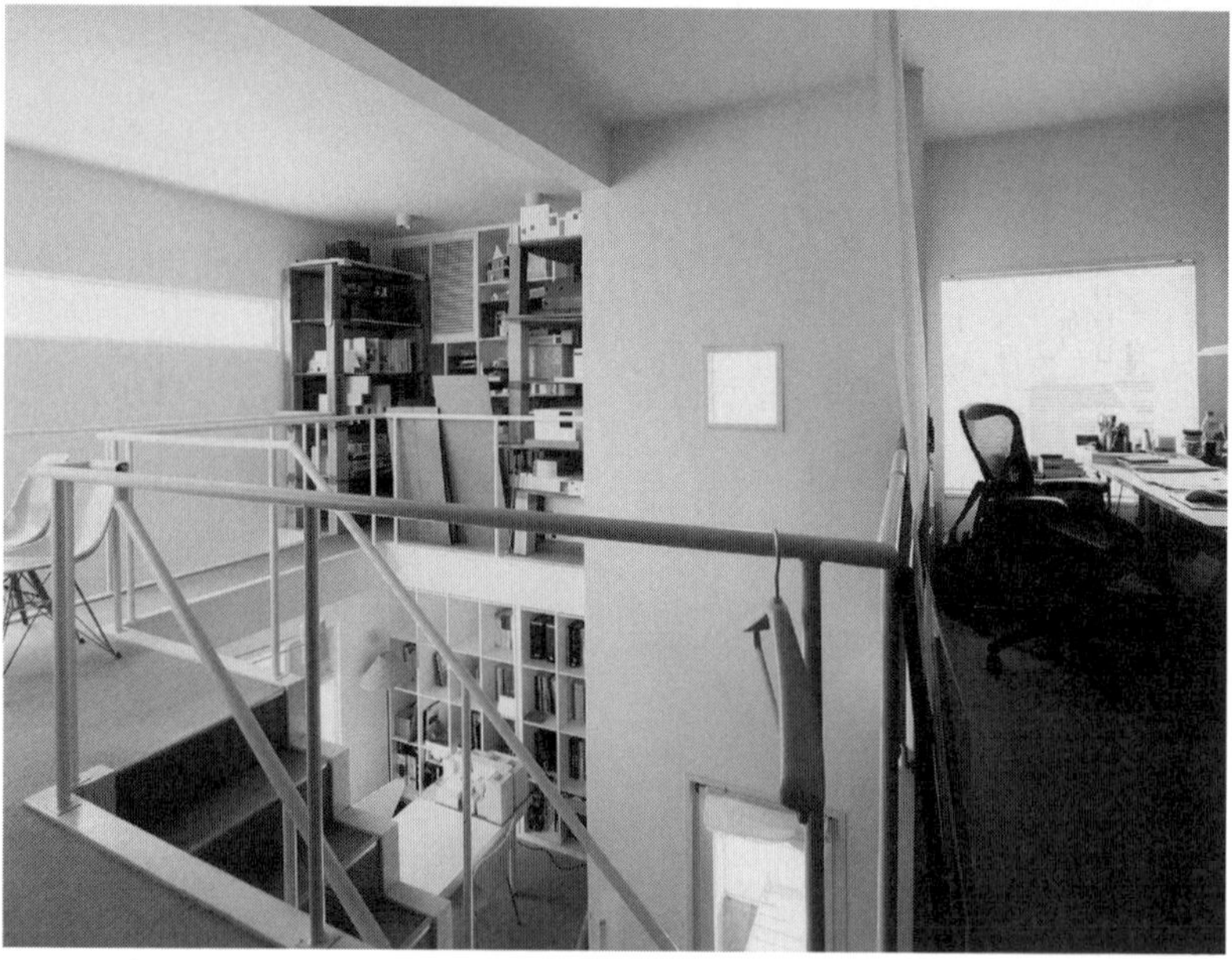

▲ 上下とも「白い箱の集合体」（設計＝五十嵐淳、1996年）

りました。

ただ、専門学校時代や事務所に勤めていたときもそうでしたが、意識を共有できる友だちがいませんでした。建築家に憧れたりとか、建築を格好良いと思う人がまわりに皆無だったので、そういう意味ではとにかく孤独な二〇代でした。佐呂間に同級生はいるけれど、漁師とか農家とか自動車整備士とか、全然関係ない職業で建築の話ができないから。インターネットはWindows97が出た頃からストレスなくできるようになりましたが、まだ情報が少なかったし。

だから建築友だちは雑誌しかいなくて。今思うと、それが辛かったですね。だって仕事もないし、話す相手もいない。事務所でひたすら雑誌を見ることしか、やることがないんです。コンペも、出すということがよくわからなかったわけです。アイデアコンペも含めて、そんなことをやっている人がまわりに誰もいなかった。二〇代後半にはCADを使い始めていたけれど、そもそも応募要項にあるA1の紙で出力してくれる場所がないし、そのくらい知らないことだらけ過ぎて。コンペなんて出そうと思ったこともない。もっと早く知っておきたかったと今になって思いますけどね。仲間がいたらずいぶんと楽だっただろうと思います。

自分なりの住宅の「概念」を自邸で表現

山﨑　そういうお話を聞けば聞くほど、自邸（「矩形の森」）での二〇〇三年吉岡賞受賞はすごいと思います。何もわからないままだったのに、いきなり建築界の中心に行ってしまったというのは。

五十嵐　「白い箱の集合体」ができたときも新建築社に資料を送ったんですよ。でも載ったのは『新建築』のポイントレビューという小さなコーナーでした。

それから「矩形の森」で載るまでの間、五年くらいポツポツ仕事をしていました。二〇代の頃は、割と普通の家をつくっていました。それは自分でもストレスでしたが、今にして思うとお客さんのせいにしていたんですよ。「どうせわかるわけがないだろう」とダメな思考で、お客さんの言う通りにつくっていました。

でも三〇歳を目前にして、「いや、これはやばい」と反省しました。そこで五〇〇万円なら何とか工面できるだろうと思って自邸を計画したのが、作品集で最初に載せている「ミラーサイトハウス」（一九九九年）で、敷地が変わって設計し直したのが今の「矩形の森」です。

山﨑　それらの二つでは形態も変化してますよね。

▲▲ 上下とも「ミラーサイトハウス」(計画＝五十嵐淳建築設計事務所、1999年)

▲▲ 上下とも「矩形の森」（設計＝五十嵐淳建築設計事務所、2000年）

「矩形の森」の初期案ではギザギザした形態を考えていたのですが、コストが掛かるのと構造的にも大変だということがわかってきて、最終的には敷地全体にボリュームを広げ、その最大ボリュームでどんな暮らしができるのかを考えたんです。

資金面も苦しくて、ペンキを塗ったり、床暖房のパイピングや、鉄筋を結束線で結ぶのなど、自分でもできることはすべてやりました。ほぼ毎日現場にいましたからね。施工はもちろん五十嵐組でした。

山﨑　修行のあとに独立して、建築家になりたいと思っていた人が、普通はいきなりそんな素晴らしい作品をつくれないと思うんです。何よりプロポーションが美しくて、あの筋交いなんてすごいですよね。あれは誰もが筋交いの存在を建築的に格好良いと受け入れた瞬間だったと思うんですけれど。

五十嵐　あれはおそらく篠原一男さんの影響です。雑誌で見た妹島さんのインタビューに「伊東豊雄」のほか、「篠原一男」という名前が節々に出てくるわけです。そして篠原さんを辿るようになって、そこでまた新たな衝撃を受けました。格好良いというのと同時に、概念がすごいと思ったんですよ。

本当にわけがわからなかった。篠原さんの写真を見たとき、どこを撮っているのかすら、わからない。とくに多木浩二さんの撮った写真なんて、窓をわざとアングルから外したりして、これは何だろう、この人は何を目指していたんだろうと、そういうことに興味がわいたわけです。
だから僕は、とにかく普通の概念の住宅をつくるのが嫌になっていたところもあったから、「矩形の森」では住宅の新しい概念をつくりたいと思っていたんです。

山﨑　その概念というのは、具体的にはどういうものだったのでしょうか。

五十嵐　当時、暮らし方を縛ってしまうような建築を、雑誌や巨匠の作品集などでたくさん見ていました。家具の位置が完全に決まっていて、そこから動かすと破綻してしまうような。

一般の住宅もそういうものが主流で、リビングのソファやテレビの位置まで決められたようなものが多く、当時自分が設計していた住宅もそういうものだった。

ただ反面、そういう建築は自分の生きている時代には合わないと感じていました。ですから本当に自分が気持ちが良くて、暮らしやすい住宅をつくって、それを自分なりの住宅の概念として表現したかったんです。

だから概念が先にあって、それを実践する手段を選択してつくっていったという感じです。材料や素材や色など、迷ったときには、なるべく自分が違和感を感じない方向を選択する、その繰り返しでした。

山﨑　おっしゃるような背景は作品を見れば何となく感じ取ることができます。

それにしても地域性という要素は大きいですよね。妹島さんのような開放的な空間が実現し難い場所でやったからこそ、全然違うものになったと思います。

五十嵐　本当にそうですよね。自分の家だし、そこは無視できませんでしたから。

山﨑　そこが面白いんですよね。雪とか温熱環境という妹島さんがあまり考えなかった要素を五十嵐さんの感性で解くと、ああなるのかと。

五十嵐　やらないと当たり前に危機的状況になるだけで、特殊なことをやっている感覚は北海道の人はないと思います。暑い地域だったり、敷地が狭かったり、それぞれにコンテクストがあるわけだから、特別ではないと思うんですけどね。

デビュー作の「矩形の森」でいきなり吉岡賞を受賞

山﨑　「矩形の森」ができたことによって、いろんなことが変わりましたか。

五十嵐　雑誌に載せてもらったときに反応がありました。「矩形の森」ができたのが二〇〇〇年で、すぐ新建築社に写真などを送ったけれど一年半ぐらい待たされて、『住宅特集』にやっと載ったのが二〇〇二年一二月号でした。あとで当時の豊田編集長に聞いたところ、どうしていいかわからなかったそうです。まったく得体の知れない人から、北海道に建てたというあんな家の資料が届いて、本当に家なのか、単に実験的に建てたのかわからなかったし、北海道にわざわざこれ一軒だけ見に来るわけにもいかなかったと。

そんな感じで、撮影が二〇〇二年の初夏にあって、載ったのは一二月号だったのですが、載った次の月に編集部から電話が掛かってきて、「吉岡賞を取りました」と言われて、「は？ 本当ですか？」となりました。これは猛烈に嬉しかったですね。

山﨑　審査員はどなたでしたっけ？

五十嵐　内藤廣さんと中村好文さんでした。

僕はあまり感情の起伏がないほうですが、本当に興奮しました。だって、吉岡賞を取りたいと強く思ってつくったし、一番憧れていたのが吉岡賞だったので。というのも、妹島さんが取ったばかりで、ほかにも坂茂さんや手塚貴晴さんといった憧れの人たちが取った賞ですからね。住宅でもらえる賞っていうのも大きかったです。それからですね、状況が変わったのは。色々な一般誌から問い合わせが来るようになりました。

山﨑　取ろうと思ってつくったら見事受賞したというのがすごいですよね。

五十嵐　タイミングが良かったですよね。二〇〇〇年にできたのに、載ったのは二〇〇二年でしたから。内藤さんがたまたま敷地の近くに来たことがあって地域の雰囲気を知っていたから、あの建物もリアルに感じてもらえたというのはすごく大きかったですね。その前の年の審査員だったら選ばれていない可能性もあるわけで。あと広島の三分一博志さんとの組み合わせを意識したと講評に書いてありました。だからタイミングですよ。本当に良い巡り合わせで取らせていただきました。

大阪は別として、地方で頑張っている建築家は、僕達より上の世代の建築家では、村上徹さんとか葉祥栄さんくらいしか見当たらなくて、しかも今まで誰も気にしなかった北海道というのもインパクトがあっただろうと思うんですよね。

山﨑　そうですね。北海道で上の世代の建築家が設計した住宅は、もっと重厚なイメージがあるので、そこから抜きん出た透明感に驚きました。

五十嵐　北海道の上の世代の建築もよく見ていたんですよ。共感できる部分も違和感を感じる部分もあったのですが、それも自分のつくり方に大きく作用しているかもしれません。

山﨑　どこに共感しましたか？

五十嵐　デザインとして誠実だと思いました。とくに倉本龍彦さんという建築家のつくり出した世界観に、一時期すごく憧れました。しかもある意味での北海道らしさが北海道のビルダーなどに影響を与えて、倉本風の建物をつくる人が増えたのは、氏の功績の一つではないかと思います。またプランを見るとものすごくモダンなんですよ。そこにも非常に共感できました。

一方で「北海道」という捉え方が嫌だなと思ったのも確かです。そんな得体の知れない勝手なイメージではなく、ドライに「寒冷地」といった捉え方で良いんじゃないかと。

同世代の建築家との交流が刺激に

山﨑　僕が不思議に思うのは、知らないものは雑誌から得られるのかもしれないけれど、それだけでみんなが驚くような名作なんてできないだろうと思うんです。普通そう思いますよね。これを読む学生が、五十嵐さんのようには実践できないでしょう。

五十嵐　冷静に考えたら、実家が工務店だったことは幸運だと思いますが、それ以外は、あんな田舎で大学も出ず、建築家の事務所で修行したわけでもなく、何の素養もなかったわけで、自分でもラッキーだと思います。

僕は不器用だし、たぶんバカなんですよ。だから自分の琴線に触れるものを自分のベースにすることしかできない。逆に器用さに憧れますよ。仕事の幅も広がるじゃない。割と控えめに設計しているつもりなんですけど、それを最近反省していて、もっと変えていきたいとは思っているんです。今までは自然に出てくるものが自分らしさだからそれで良いだろうと思っていたのですが。

山﨑 五十嵐さんが前の事務所を辞めてから「矩形の森」ができ上がるまで、五年くらい時間があるわけですけれど、強い好奇心をもちつつも孤独なままで二〇代の五年を過ごすって、普通は耐えがたい気がします。

五十嵐 田舎だったからでしょう。そんなに忙しくないし、実家で飯は食えるし、子どもの頃からの友だちはいるし、普通に酒を飲んで、二〇代後半はゴルフもやってましたから。

山﨑 SNSなんかを見ていると、今の若い人たちは急かされるというか、結構焦る感覚が強いように思うのですが、そういう環境にはなかったというのが大きいのでしょうか。

五十嵐 焦ってはいましたよ。同世代の藤本壮介は一歳下ですが旭川に既に作品が二つあったし。SDレビューにも二、三度選ばれていたから、悔しいですよね。早くつくりたいと思っていました。

山﨑 藤本さんの存在が五十嵐さんにとって、良い刺激だったんですね。

五十嵐 もちろん。モチベーションになるので。藤本に初めて会ったのは「矩形の森」ができてからまもなく、田根剛君が企画した北大の遠友学舎で開催された卒業設計合同講評会のクリティークに呼ばれたときでした。そのとき呼ばれたのは僕と藤本。青木弘司君も会場に見に来ていて、いずれも初対面だったんです。藤本とはその日は色々なことを話しました。クリティークのときもそうだし、終わってから飲んだときもそうでした。あとで聞いたら藤本の僕に対する印象は「おっかないお兄ちゃんが来たな」だったらしいですよ。

とにかく同世代で建築の話ができる相手が初めてできたのが嬉しかった。でも彼は東京にいたから、メールで色々と話しました。彼も別に建築家の事務所で修行していたわけじゃないし、どういう建築が本当に良いんだろうかとか、当時はすごく迷っていたと思います。彼はすごく頭が良いし優秀だから、色々なことを吸収していきましたよね。何といっても、コンペに強いという能力を目の当たりにして、すごく衝撃的だったし、藤本の影響でコンペに出すようになりました。自分には到底できないと思いつつも、「やらなきゃダメなんだ」と考えるようになりましたから、本当に感謝ですよね。

受賞が三分一さんと一緒だったのもかなり大きかったですよね。作風はまったく違うけれど、あの人のスタンスは本当に勉強になるし、すごいなと本当に思います。そういう人と同じタイミングで受賞して、しかも同じ地方同士だったから、余計に共感できたし、その後のモチベーションになりました。

そういう意味で僕は出会いに恵まれて、出会うべきときに会っているという気がします。

人が良いと言ってくれる作品を「待てよ」と思う

山﨑 「矩形の森」以降の作品では、「風の輪」のファンが多いですよね。

五十嵐 「風の輪」はわれながら良い建築ですよね。あんな長いフォルムの建物はなかなかつくらせてもらえないし。

「風の輪」のクライアントは、僕が建築家だからといって依頼をくれた人ではありませんでした。とくに初期の頃は僕を建築家だと認識して頼んでくる人なんていなかったし、むしろそのほうがやりやすかったのは事実です。

山﨑 敷地はたっぷりあるわけですよね。どうしてあのボリュームになったのですか。

五十嵐 クライアントである陶芸家と地主さんに現地で立ち会ってもらいながら、敷地のどの辺に建てるか決めたんです。防風林があって、もとは農地だったから長い牛舎が残っていたので、それに平行に建てました。

間口の四五五〇という寸法は梁に使ったTJIという構造用集成材の最大スパンとピッ

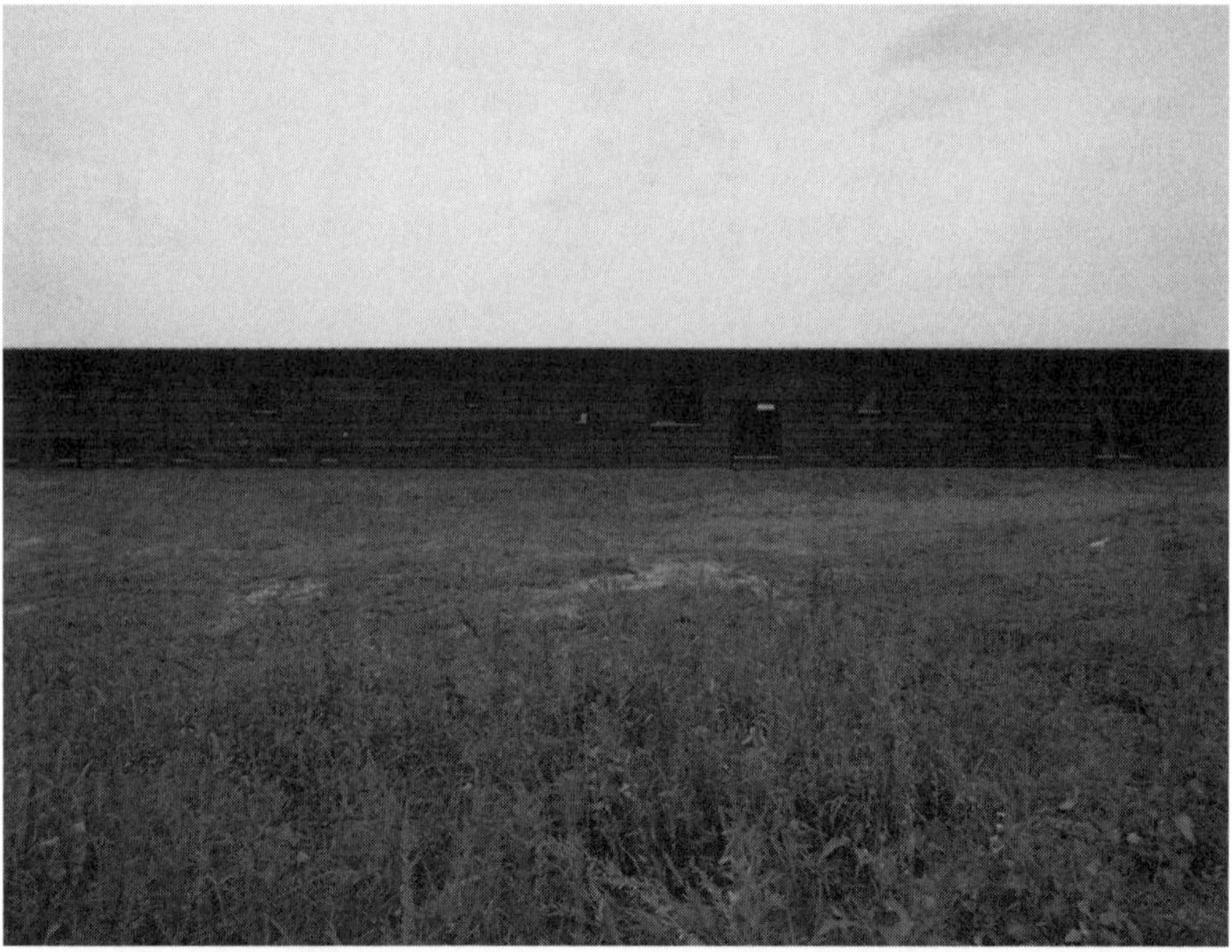

▲▲「風の輪」（設計＝五十嵐淳建築設計事務所、2003年）

チから導き出しました。先に間口を決めて奥に伸ばすという施工的な合理性の考え方からプランをつくりました。

小嶋一浩さんが札幌に講演会で来たとき、講演会のあとに、小嶋さんを乗せて佐呂間に移動して、見られるものを全部見てもらったことがあります。そのとき、小嶋さんは次の年の吉岡賞の審査員で、「風の輪を選ぼうと思ったんだけど二年連続はダメだと言われた」と言ってくれて。もしかしたら「矩形の森」がダメでも、「風の輪」で取れてたかもと思って、すごく嬉しかったですね。

ただ、自分でも好きではあるけれど、白くないからウケが良かったのかなとか、ちょっと北海道っぽさがあるから媚びを売っちゃっているかなとも感じています。

僕は本当にひねくれていて、人が良いと言ってくれる作品を「待てよ」と思う傾向があります。警戒心なのか、あまのじゃくなのか、素直じゃないんですよ。

でも、ローコストでよくつくったなと思います。外壁も合板ですからね。僕とスタッフとクライアントがペンキを塗ったんですけれど、スタッフはクライアントの家に泊まり込みで毎日現場に通っていました。

山﨑　「風の輪」にしてもそうですけれど、「矩形の森」の天井高もサッシに合わせた二一〇〇ミリでしたっけ。工業製品の寸法から天井高が決められているのに、プロポーションが良いのは何でだろうと思っていました。

五十嵐 お金がないから、サッシは特殊な寸法のものが使えないんです。サッシで割り付けると、天井高が自動的に決まるわけだけれど、これでいいのか悩みますよ。違和感があるときは直しますが、お金が掛かるので、毎回せめぎ合いですね。

山﨑 そういう違和感っていうのはご自身の美意識から来るものですか？

五十嵐 癖ですよ。みんな癖がオリジナリティになるでしょ。絵とか歌だって癖がその人の持ち味だから。僕は器用じゃないから、癖はあまりぶれないのかもしれないですね。器用な人は何でもできちゃうから、ぶれるというか、対応力があるから何でもやれちゃいますよね。

山﨑 癖というのは、どういったことでしょう。

五十嵐 いわゆる生まれたときからの癖ですよね。日々、色々な選択を繰り返しながら生きてきているわけで、それは理論でも何でもなくて、癖が判断するわけです。音楽とかもそうじゃない。たとえば電子的な音楽に反応する人としない人がいるわけで。その人の習性に反応して判断するわけですよね。

僕はただ、それを判断基準にしているというか、「これが良い」というより、「これは何か違う」という選択を繰り返しています。

「TOTOギャラリー・間」での展示

山﨑　事務所の運営についてもお話を聞きたいと思っているんです。

五十嵐　あまり参考にならないけれど、田舎だから何とかなるんですよ。仕事がなくても食っていけるので、それは恵まれていました。東京から見ると甘い環境かもしれないけれど、ありがたかったですよね。仕事がなくても本を読んで暮らせているわけだから。

山﨑　でもスタッフが入ったりすると事情が変わってきますよね。

五十嵐　初めてスタッフが入ったのは、二〇〇一年とか二〇〇二年ぐらい。「風の輪」のスタディをしているときです。北海道東海大学で田根剛君と同期だった富樫雅行君で、一年間限定という前提で事務所に来ました。富樫君は今、函館で設計事務所をやっています。函館は古い建物が多いから、並行して「箱バル不動産」という会社を立ち上げて、古い物件をリノベして欲しい人に売るという活動を始めています。

山﨑　今はスタッフは何人程度いらっしゃるんですか。

五十嵐　ここ三年くらい一対一でやっていましたが、この春から二人増えるので、僕を入れて四人ですね。

二〇一一年に「TOTOギャラリー・間」（以下、「ギャラリー・間」）でやった展示（「五

十嵐淳展 状態の構築」）の前後が一番多くて五人くらいでした。これもすごくありがたくて、準備している一年間は設計をせずに模型と書籍づくりしかしていませんでした。大きな木の模型を月に一個とか一個半とかつくってました。外注するほどの予算はなかったのですが、模型の部品は小さくて薄いので木でつくるのが難しく木材屋さんに相談したら、神棚をつくっている人に部材の断面寸法を指示して刻んでもらえることになりました。しかもそれを全部提供してくれたんですよ。すごく助かりました。模型図面を提出して、その部材を刻んでもらって、納品してもらうというやり取りを一年間、毎月やっていたんです。

そのときいたスタッフは、ずっと模型の図面を描いて、模型の施工をしていました。構法から部材まで相当精密な模型ですよ。今考えると幸せな一年間でしたね。事務所が木工場みたいな状況でした。

山﨑　スケールが違うだけで、日々の現場を自分たちでやっているようなものですね。

五十嵐　本当にそうですよ。事務所の一階にコンパネ五枚分くらいの巨大テーブルを自分たちでつくって、そこを模型生産工場にしました。近所に五十嵐組の作業場も残っていたので、そこで埃が出る作業とかカットをやって。行ったり来たりしながらつくっていきました。

これも巡り合わせで、丁度、大工志望の岡村君というスタッフが京都の大学から来たんです。規模は小さいけれど、本当に職人技を発揮してくれたんです。器用で細かなことにも根気よくすごく楽しそうに対応してくれた。あいつはすごかったですね。

山﨑　妹島さんに憧れていた五十嵐青年が「ギャラリー・間」で展覧会を開くまで、一気に来てしまった感じですね。

五十嵐　いやいや長かったですよ。でも「ギャラリー・間」に僕を推してくれたのも吉岡賞で僕を選んでくれた内藤さんだったんです。まさに恩人です。七〇年代生まれの建築家を単独で展示するのは僕が初めてで、「ギャラリー・間」が若い人にシフトしていこうと決断したときのようです。そこにトップバッターに選ばれたのも嬉しかったですね。

山﨑　一年間スタッフが模型づくりだけで食べていける予算は付いたんですか。

五十嵐　何とか生活していけるくらいの感じです。寝泊まりする場所は、五十嵐組の建物で、そこで合宿生活を送ってもらいました。

山﨑　二〇一七年に事務所を佐呂間から札幌に移された理由は何だったんでしょうか。

五十嵐　佐呂間ってすごい田舎だから、あの街でどっぷり建築に浸かって働きたいという若い方がいなくなってきたから、というのが一番大きな理由ですね。スタッフが入らないのは深刻な問題なので、僕が移動したわけです。その頃、佐呂間での仕事はほとんどやってなかったので、拠点はどこでもよかったんです。

ル・コルビュジエの建築を見にパリへ

山﨑　ご結婚されたのは？

五十嵐　二〇〇〇年、「矩形の森」ができる前でした。幼稚園からの同級生なんです。付き合ったのは社会に出てからですが。佐呂間町役場に勤めていました。弟も佐呂間町役場で。だから妻は、学校も、働くところも佐呂間から一度も出たことがなかったですね。

「矩形の森」ができる前は、五十嵐組でもっている借家に住んでいましたが、築四〇年の木造で、すごく寒くて、風呂も寒かった。それなりに楽しかったのですが、家賃も払ってましたし建てたほうが良いんじゃないかということで、自邸を建てる計画を始めました。子どもが生まれたのが二〇〇二年で、この春から高校二年生です。男の子一人です。

山﨑　これまでプライベートと仕事の両立はどうだったんですか。

五十嵐　趣味らしいものが恥ずかしながらないんですよね。日曜日くらいはゆっくりしようと思って寝ていても、結局は事務所に行きますよね。子どもが生まれてからは日曜日らしい日曜日を多少は過ごしましたが、子どもがある程度大きくなると結局元に戻りました。

山﨑　海外旅行に行かれていますよね。何が印象に残っていますか？

五十嵐　旅らしい旅はしていませんが、二〇代後半で行ったパリは印象に残っています。

そもそも、どうしてもコルビュジエの建築が見たかったんです。調べると、パリに行くと色々見られることがわかって。当時、『建築文化』でコルビュジエの特集号が二号連続で出ていて、丁寧な地図が載っていたんです。それを参考にして行きました。

コルビュジエは感動というよりは、単純に格好良いと思ったのと、実物を見たという満足感がありました。サヴォワ邸も見たけれど、当時修復がされたばかりでピカピカだったんです。写真で見たまんまで、住宅というリアリティがまったくわきませんでした。

パリでもっとも記憶に残っているのは、ジャン・ヌーヴェルの「アラブ世界研究所」です。夕方行ったんですけれど、ファサードに設けられた無数のレンズから鳥肌が立つような光が入ってきて、ピカピカな仕上げの床や天井に乱反射するんですよね。光が玉になってはじけているように見えました。そして驚いたのは、レンズが音もなく閉まり始めたんです。その総合演出に感動して、強烈にヌーヴェルをすごいと思いました。「カルティエ現代美術財団」もすごかったです。

建築の概念を考え行き先のわからない階段を上り続ける

山﨑　今後の展望はいかがでしょう。

五十嵐　建築に対しては貪欲に、色々つくってみたいですよ。でも、コンペは実績ベースになってしまっているし、設計施工を一元化したデザインビルド方式も増えてきているから、参加できるものがだんだん少なくなってきているなかで、どうしたら良いか、すごく考えます。

でも、規模が大きくても小さくても、良い建築は良いということが世界中で色々な建築を見てわかったので、良いものをつくるしかないというのは昔も今も変わらないです。

僕よりちょっと若い世代では、自分のポジションやブランディングをどうやって確立して拡散するかを一生懸命やっている人が多いように見える。実際にブランドがはっきりしているほうがクライアントもわかりやすいですよね。

その方法の一番の成功者は安藤忠雄さんだと思っています。コンクリートのあいうマッシブな空間が必ずでき上がるという保証があるわけですよね。ですからブランディングも大事だとは思うんですが、僕自身はそうなってしまうと楽しくなくなると思ってます。そこまでストイックに同じものをつくり続けるということには興味がなくて、もっと自由

▲ 上下とも「褶曲の回廊」（設計＝五十嵐淳建築設計事務所、2018年）

に考えたいんです。

もっとも自分でもつくりたい建築がいまだによくわからないというのもあるんですけど ね。毎回迷いながら設計しています。でも先にゴールというか、コンセプトを決めて目指していく建築だと、できた瞬間に想定通りの枠を越えられないと思うんです。

だから行き先がわからない階段を上り続けることのほうがワクワクするし、予期せぬ可能性が生まれるかもしれないと思っているんです。

最近、ユヴァル・ノア・ハラリという歴史学者が書いた有名な『サピエンス全史』という本を読んで考えたことがあります。この本は根拠立てて、世界の成り立ちとか今の世界を記述しているのが面白いのですが、人類が描いた「フィクション」のなかの良いコースを歩みたかったら、大きな組織に入ったり公務員になったりすればいいんですね。そうすると、年齢で徐々に給料も上がっていくだろうし、立場も上がっていくわけですから。先が見えたほうが安心して生きていけるのなら、そんなふうに生きたらいい。僕みたいに先がわからないほうが楽しいと思うのなら、それを楽しめば良いんじゃないかと思います。

そういうふうに、今われわれが属している世界を理解したうえで、何に属して、何をしようとしているのかを認識して道を選択するべきだと思うんです。

これは建築においても同様で、たとえば資本主義社会における経済活動で成功したいのであれば、ブランディングするのは正しいのですが、ただ建築家として評価されたいというのであれば、違うとは思ってます。

僕も最初は安藤さんがきっかけで建築家を目指したけど。安藤さんはあまりに自分のつくったものを論じてないというか、大雑把にまとめ過ぎてるような気がしています。篠原一男さんみたいに、もっと一つひとつ、概念だったり建築の意味をネチネチと考え続けていくほうが、建築家としては爪痕を残せると思っていて、その余韻を感じながら、次の世代の人が別の建築に繋げていくというものだと思うんです。

だから僕は自分をあえてブランディングしたくないと思ってます。ほかの人から見たらそうは見えてないかもしれないですが。できるだけスタイルをつくりたくないんですよね。

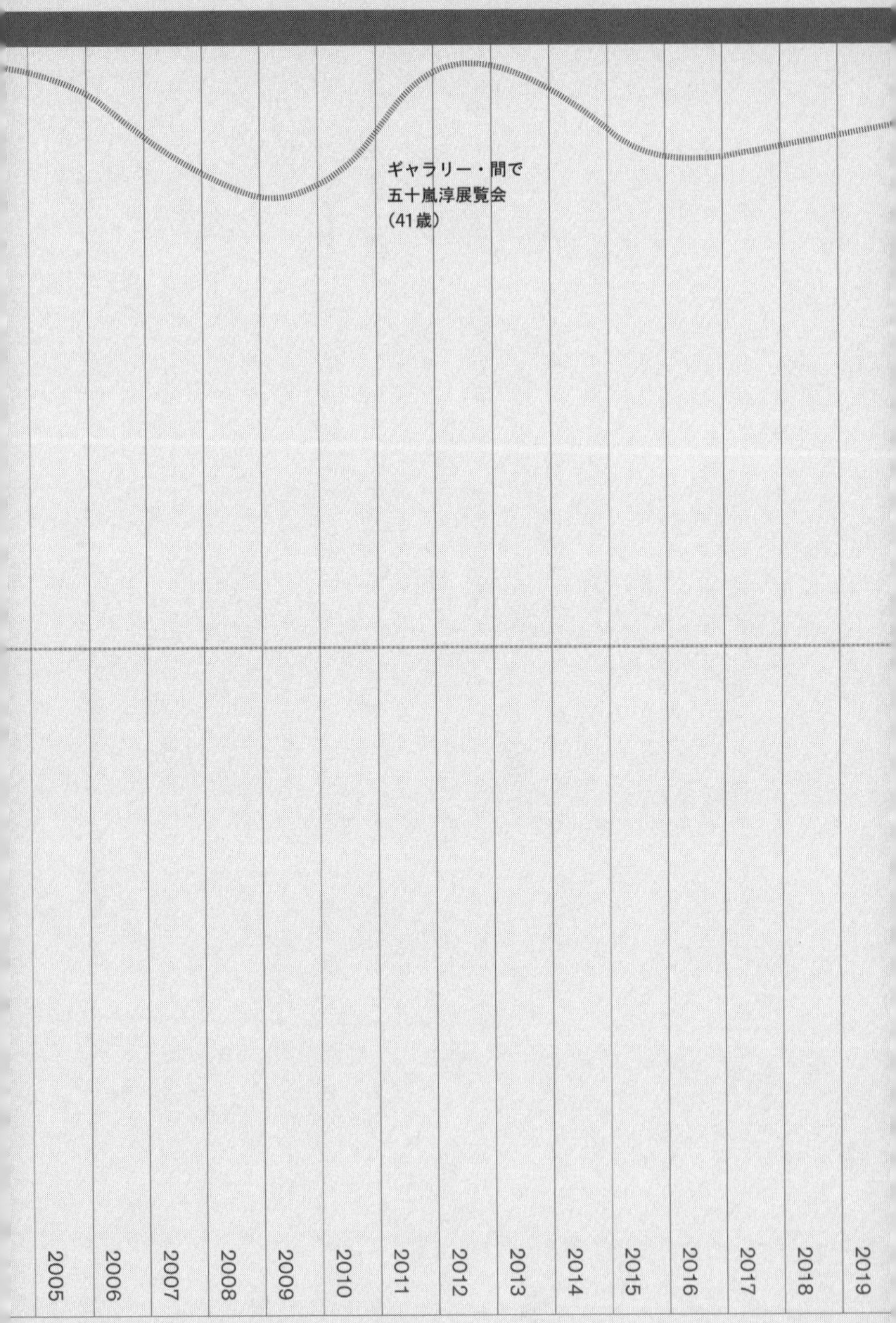
ギャラリー・間で
五十嵐淳展覧会
（41歳）
2005
2006
2007
2008
2009
2010
2011
2012
2013
2014
2015
2016
2017
2018
2019

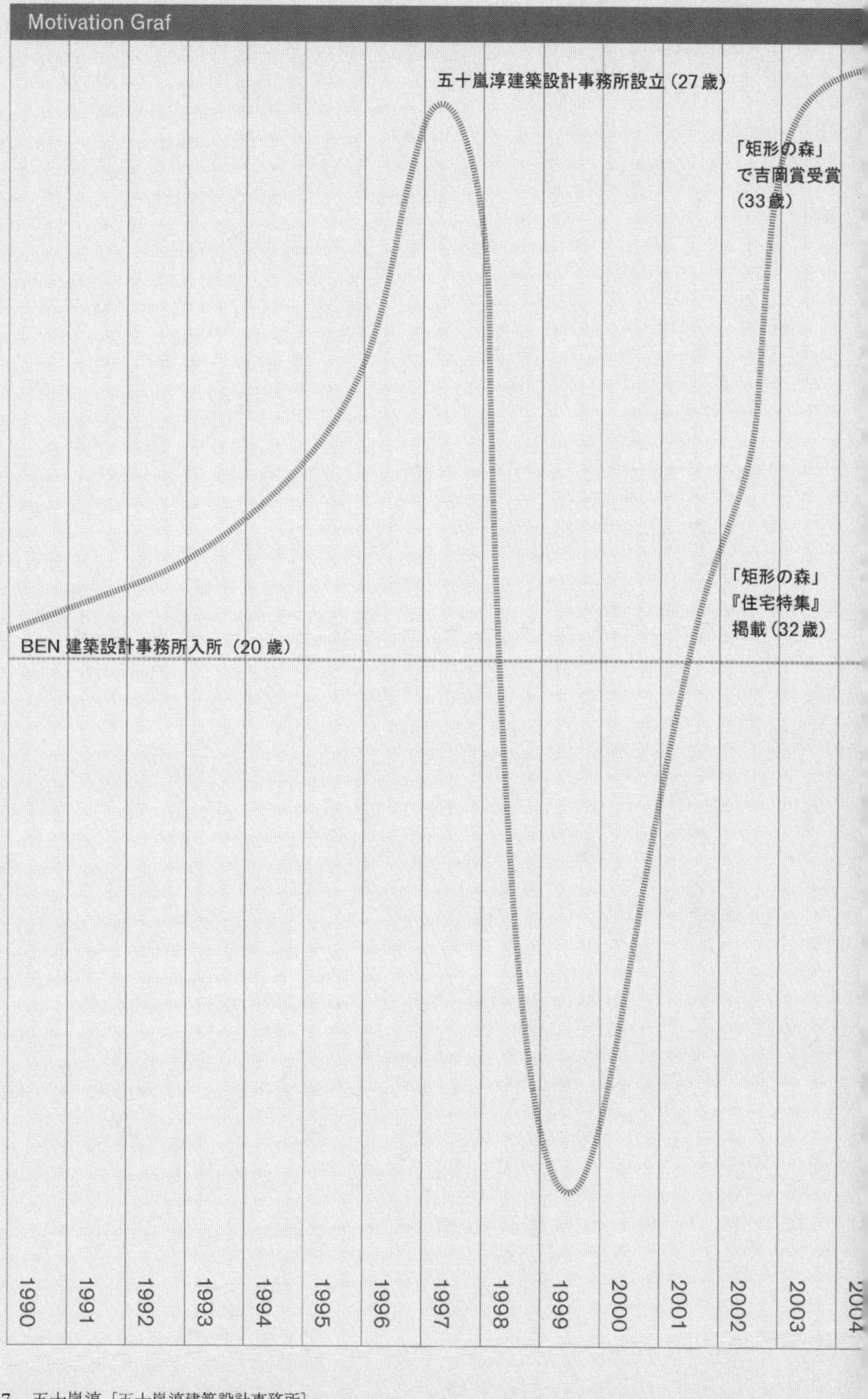
Motivation Graf
五十嵐淳建築設計事務所設立（27歳）
「矩形の森」
で吉岡賞受賞
（33歳）
「矩形の森」
『住宅特集』
掲載（32歳）
BEN 建築設計事務所入所（20歳）
1990
1991
1992
1993
1994
1995
1996
1997
1998
1999
2000
2001
2002
2003
2004

interview 7

旅と左官を通し、歴史と文化を血肉化する

森田一弥［森田一弥建築設計事務所］

学生時代にはアジア、ヨーロッパ、アフリカを陸路で旅し土着の建築を見て回ったという森田さん。左官職人、設計者として独立後にはバルセロナに渡り、ヨーロッパの左官技術を学ぶ。そして歴史や文化を血肉化し、「時間」の編集という設計の手法にたどり着いた。

1971年愛知県生まれ。1994年京都大学工学部建築学科卒業。1994〜1995年アジア・ヨーロッパ・アフリカ諸国を陸路で建築行脚。1997年京都大学工学部建築学科修士課程修了。1997〜2001年京都「しっくい浅原」にて左官職人として修行。2000年森田一弥建築工房設立。2007〜08年Enric Miralles Bene-detta Tagliabue Arquitetes（バルセロナ）在籍。2011〜12年カタルニア工科大学バルセロナ建築学校留学。2012年森田一弥建築設計事務所に改称。現在、同事務所代表。

本に刺激され旅に出る

西田　森田さんが建築学科へ行こうと決めたきっかけは何だったのでしょうか。

森田　決めたのは高校三年で進学先を決めるギリギリのときでした。父が高校の美術教師だったのと子どもの頃から工作が好きだったので、何となく選んだようなもので、最初から建築に進もうと思っていたわけではなかったんです。

西田　そうなんですね。京都大学の建築学科に進まれたわけですが、同級生にはどんな人がいたのですか？

森田　建築家として活躍しているのは、つい最近、京大の教授になった平田晃久君だとか、アルファヴィルという事務所をやっている竹口健太郎、山本麻子がいますが、それ以外にも個性的な同級生がゴロゴロいました。なかでも建築家、渡辺豊和さんのご子息にあたる渡辺菊眞君の建築への向き合い方に大きな刺激を受けましたね。建築学科の仲間での飲み会でも、生半可な意見を述べると、殴られるような緊迫感がありました。個性的な同級生から受けた刺激によって、逆に彼らとは違うものを見て、違う視点から考えたいと思うようになりました。

西田　学生の間、どこか設計事務所にアルバイトに行かれたということはありましたか？

森田　大学の頃に設計事務所に出入りしたことは一度もなかったんですね。当時は竹山聖先生が京大に赴任したばかりで、高松伸さんも非常勤で来られていたので、同級生はそういった先生方の事務所や大阪の安藤忠雄さんの事務所にアルバイトに行っていましたけれど、自分も行こうとは思わなかったんですよね。

西田　その理由はどこにあったのでしょう。

森田　模型のつくり方とか設計の実務より、もっと建築そのものを見たい、現場に行きたいという、そういう気持ちがあった気がします。

西田　当時の建築界はポストモダンの残滓がまだ残っていた頃ですよね。その造形至上主義ともいえる潮流に疑問を感じられた面もあったのでしょうか。

森田　それは大きかったですね。大学の設計演習でも形をどう決めていいのかわからない。雑誌で見る建築も、モダニズムの建築はまだしも、ポストモダンになってくるともう、それが良いのか悪いのか文章を読んでもわけがわからない。何かもっと切実なところから生まれてくる形を見たいという気がしたんですよね。

山﨑　一九九四年に京都大学を卒業されて、大学院に入る前にアジア、ヨーロッパ、アフリカを旅されていますよね。どのようなことがきっかけだったのでしょうか。

森田　子どもの頃に『ＮＨＫ特集 シルクロード』というドキュメント番組をいつも家族と

見ていて、知らない場所を想像するのが好きでした。地図を見るのも大好きで、中学校で配られた地図帳を見ているだけで楽しかったんですね。その後、大学に入ってみたら安藤忠雄さんが「建築家は旅をしなければいけない」と発言されているのを知って、「おお、そうか」と。それでテレビや地図で憧れていた土地を見に、旅行をするようになりました。

最初は、カヌーで日本中の川を旅している野田知佑さんが書いた『日本の川を旅するカヌー単独行』（新潮社刊、一九八五年）という本に刺激を受けて、折り畳み式のカヌーをアルバイトして貯めたお金で買って、それを使って国内を旅行することから始めました。北海道の釧路湿原に行ったり、四国の四万十川に行ったり。一週間くらい掛けて川原でキャンプしながら川を下るのですが、そのときに無名だけど魅力的な集落がたくさんあることに気がつくんです。

その後、早稲田大学で探検部に入った高校の同級生から沢木耕太郎さんの『深夜特急』（新潮社刊、一九八六年）を手渡され、あまりお金を掛けなくても長い時間を掛けて海外を旅行する方法があることを知りました。それで大学院に進学する前に一年間大学を休学して、中国の上海までフェリーで渡ってから延々と陸路でアフリカまで建築行脚をしました。

西田　そこで見たもので何か影響を受けたり発見されたりしましたか？

森田　とくに印象的だったのは、形の必然性でした。大学の授業では日本建築も西洋建築も現代建築も、その形の根拠を知ることなく、様式として学ぶわけですが、プリミティブな世界では、その土地の風土との関係で形が決定されていることがとてもよくわかったのです。とくにチベットに行ったとき、玄関が九〇センチ角ぐらいしかなく、まるで茶室の躙り口みたいで「どうしてこんなに小さいのですか?」と聞いたらシンプルに「寒いから」と言われて。場所と形の切実な関係、それはすごく印象に残っていますね。

西田 布野修司さんの研究室に在籍されていたそうですが、氏の建築観に何かしら影響を受けて旅先を決められたんでしょう?

森田 学部生の頃に布野先生が京都大学に赴任されて東洋建築史の授業を担当されていました。その授業で「建築家なしの建築」(建築家・著述家のバーナード・ルドフスキーによる展覧会および書籍の名称。様々な国の土着の建築や集落が紹介された)の世界を教えて下さったんです。それをきっかけに、それを実際に見たいという想いに駆られて、一年間の建築行脚の旅に出ることになるわけです。その後も、布野研究室ではアジアの都市や集落の研究に取り組んでいたので、僕はチベットのラサの都市・住居空間の研究に携わり、現地で調査した宗教施設の配置や、実測した住宅のデータをもとに修士論文をまとめたんです。

左官に弟子入り

山﨑　大学院の修了後に職人の世界に飛び込んだのは、旅の影響があったのでしょうか。

森田　あったと思いますね。というのも、その旅で訪れた先では、就職なんて概念は存在しないも同然なんですよね。すごく印象的だったのがインドで、目の前に体重計を置いて、道行く人に測らせてあげている。そういうシンプルな仕事で生きている人がいるんです。

それくらい単純に自分がやりたいこと、やるべきことを考えたときに、建築を見ることしかしてこなかった学生時代の次のステップとして、設計ではなく、あえて遠回りして実際のつくり方を学びたいと思ったんです。

山﨑　確かにインドに行くと、ドアを開けるだけの職業とか、バスの運賃をもらうだけの職業とか見掛けますからね。あの人たちは仕事というものをそんなに固く考えていないんですね。

森田　「あ、これで生きていけるんだ」って。それぐらい気楽に考えていましたね。

山﨑　ただ、左官職人は伝統的なお仕事だから、敷居が高い印象があります。

西田　京都に左官の親方が数いるなかで、浅原雄三さんに弟子入りしたのは、どうしてですか？

▲▲ 学生時代に土着の建築を見て回った旅の様子。パキスタンにて

▲▲ 浅原雄三氏に師事し左官修行をしていた頃

森田　じつは最初は左官という職業が何をする仕事かということさえよく知りませんでした。偶然浅原さんと知り合いの後輩がいて、文化財の修復をおもに手掛けていることと、人手が足りないのでアルバイトを募集していることを教えてくれたんです。

西田　へえ。

森田　とにかく現場で働ければいいので、大工でもいいし、瓦屋さんでもいいし、それほど左官にこだわっていたわけじゃなかったんです。でも行ってみたら毎日が修学旅行と言えるくらい、文化財を渡り歩くような貴重な現場ばかりで。左官という仕事自体も、僕がアジアの旅行で見てきた建築のつくり方と大差ない、とても原始的な世界で。でも腕のいい職人さんの手に掛かると、そうした原始的な素材が魔法みたいに美しい空間になっていく。だったら片手間にやるのではなく、自分もできるようになるまで徹底的にやろうと思い、正式に弟子入りしました。ある程度基本が身についたと思えるまで五年掛かりましたけれど。

山﨑　普通はどれぐらい掛かるものなんでしょうか。

森田　塗ることだけに集中したら一年でまあまあ塗れるようになるとは思います。実際は最初の二年間は下働きで材料を練って、運んで、洗い物をして。現場で壁を塗らせてもらえるまでに三年掛かるんですよ。とくに伝統的な左官技術は材料の調合がものすごく大事なので、そこをまずは徹底的に学ぶんです。

山﨑　単純にやってみたいという気持ちでやっていたら、五年くらい経ってしまったという感じですか。

森田　そんな感じですね。

西田　親方の浅原さんはどのような方なのですか。

森田　いわゆる老舗ではなく、三重県の志摩地方で修行して、腕試しに出て来て京都で独立した方です。もともとの京都の人ではないから、僕みたいな変わり種でも受け入れてくれたことを本当に感謝しています。もう一つ重要なのは、左官の世界で影響力の大きい久住章さんとも親交がある方だったんです。当時の久住さんは、南紀白浜に贅を尽くして建てられた「ホテル川久」の仕事をきっかけに、日本中から腕利きの左官職人を集めて「花咲か団」という名前で仕事をしていました。そういったネットワークに浅原さんがいたお陰で、日本各地の腕利きの職人さんが現場に入れ替わり立ち替わり現れるんです。そういった人たちと現場で一緒に仕事をしていると、左官といっても地方ごとにいろんなやり方がある。それがすごく面白くて、左官に正解はないと思いました。

西田　その頃にできた職人同士のネットワークはのちの活動にどのように影響を与えましたか。

森田　現在僕は京都をベースに仕事をしていますが、役に立つのであればアフリカの技術でもヨーロッパの技術でも使いますし、逆に京都の技術が海外で使えるのであれば、どこにでももって行くというフレキシブルな考え方です。それは修業時代に各地を職人が行き来して技術が伝わるという現場を目の当たりにできたからです。大学での人付き合いは、せいぜい近い世代の、似たような学力と家庭環境の仲間との交流であるのに対し、建築現場で出会う人は、大学にいては絶対に出会わないような個性的な人もたくさんいました。そうした人たちと休憩時に話をし、協力して現場を進めていくのが、職人の日常ですから、人との付き合い方も学びましたね。

文化財の仕事に感じたフラストレーションから設計者として独立を決意

森田　僕が設計者として独立した理由もそこにあるのですが、文化財の修復というのは元通りに直すことが原則なので、新しいことができない。こうしたほうがいいのに、と思っても、過去をなぞることしかできないのが次第にフラストレーションになってきます。身に付けた技術を活かそうと思ったら自分が設計するしかないと思ったんです。文化財の現場で知り合った若手職人たちや布野研の後輩にあたる柳沢究君や山田協太君と一緒に結成した「神楽岡工作公司」の活動では、町家のリノベーションやインテリアの仕事の現場で、文化財の現場ではできなかったアイデアや技術を片っ端から試しました。

今でも、とくに京都の仕事では当時知り合った職人の仲間と協働しているので、「カタログにないものをつくりたいね」とよく言っています。すぐ近くに職人さんのアトリエがあって、そこで材料とかサンプルを見て決められるという環境は京都ならではですよね。

山﨑　左官職人として修業されて、そののちに建築の設計に専念するようになった理由は何だったのでしょう。

森田　ある程度技量が上がってくると、世のなかにはとんでもない手先の器用なやつがいるんだということがよくわかってきました。「とてもかなわないな」と。だったら、設計を性根を入れてやるしかないと思ったわけです。

西田　すると、もし浅原さんのところにずっといて、そのまま身を立てたら、もしかしたら左官のエリートになっていたかも、なんてことはなかったと。

森田　ある程度は努力で補えますが、本当に左官の才能のある連中には勝てない、と思いました。同じ条件で壁を塗っても、仕上がった壁の表情が違うんですよ。

▲ 神楽岡工作公司での勉強会

西田　森田さんがウェブサイトに掲載されている独創的なドローイングを描かれたのもこの頃ですか。

森田　そうですね。あのドローイングは左官をやっていた頃に休みの日に描きためていたもので、独立して時間があったときに仕上げて、自分の原点として示すために個展をしました。僕は短期的な機能への応答としての建築でなく、もっと射程の長い建築の価値を考えたいと思っていました。そこで、学生の頃に見てきた色んな空間のうち、連続する巨大なドームや、無限に増殖する立方体格子など、自分にとって原型と言える空間のイメージと自作の物語を強引に組み合わせました。それを古い建築の記述法であるハンドドローイングで表現したんです。本当はピラネージのような銅版画にしたかったんですけどね。日々の仕事で小さな煉瓦の重さを身に染みて感じていたことの反動から、とにかく巨大なものを描きたかったんですよ。

西田　フラストレーションをイマジネーションに昇華させたものだったんですね。

森田　そもそもは、大阪の建築評論家の大島哲蔵さん、渡辺豊和さん、大阪市立大学にいた中谷礼仁さんが社会人向けに開いていた「春秋建築塾」で発表した課題がもとになっています。大島さんのところには、ドットアーキテクツの家成俊勝さんやインテリアの柳原照弘さんをはじめ今四〇代で関西で頑張っている建築、インテリアの人たちが集まってい

▲ 左官職人として働いていた頃、描かれたドローイング

たんです。当時関西でアカデミックではない場所で人が出会う場所をつくってくれたのが大島さんで、僕は左官職人をやりながら、休みの日はそこで刺激をもらっていたんです。

西田　関東では知り得ない、ある種の磁場があったんですね。

建築を実現するための方法に正解はない

西田　独立してすぐは、設計だけでなく、ご自身で手も動かしていらしたんですよね。

森田　はい。壁を塗ると同時に建築工事も僕が元請けになってやっていました。いわゆるアーキテクトビルダーですね。だから事務所にも「森田一弥建築工房」という名前を付け、僕を設計者としてではなく、左官職人として現場に呼んでくれる人もいました。

西田　それが途中で設計に専念されるようになったのは、どうしてですか。

森田　独立当初一〇年ぐらいは仕事が少なく、また設計だけをやっていたら関与できない部分に触れることで、よりデザインの密度が上がるという意味もあったし、請負額が一〇〇〇万円前後のときには、自分が元請けになることで、設計と施工管理のフィーの両方をもらえるので、小さいプロジェクトでも時間を掛けて関わることができるというメリットがありました。

ところが新築になると請負額が二千万円を超えてくるので、施工管理の仕事量も膨大になり、設計に集中できず、施工が楽な設計しかやらなくなるというか、挑戦しなくなるという問題が出てきました。

また、現場が遠い場合には、元請けになるわけにいかないので、地元密着でやるしかなくなります。僕としては、京都で学んだことをほかの地域でも活かしたいと思っていたので、施工まで自分で手掛けることにこだわる必要はなかったんです。

西田　それにしても不思議なのは、森田さんは設計事務所に足を踏み入れたことがないのに、建築の設計実務はどうやって身に付けたのですか？

森田　施工も一緒に請け負っていると、必ずしも図面は必要ないんですよね。詳細な図面がなくても職人さんに意図を伝えられれば建物はできるわけですから。施工者を兼ねているプロセスのなかで少しずつ、どう描けば伝わるのか、どう進めれば皆が合意できるのか、など考えながら試行錯誤していました。

この間台湾のフィールドオフィス・アーキテクツの黃聲遠《ホアン・シェンユェン》さんにお会いしたとき、彼が言っていましたが、台湾では誰も図面を見ないから現場に模型を持って行くそうです。図面は役所に提出するものだけあればいい。つまり建築を実現するための方法に正解はなくて、どんなチームと仕事をするかによって臨機応変に変えればいいんですよね。

ヨーロッパの左官技術を学びにバルセロナへ

山﨑　二〇〇五年に「コンクリートポッド」という造形作品をつくられましたよね。これを見たときに、左官とはちょっと違う、アートに近い新しいものをつくり出しているような印象を受けたんですよね。あれはもともと新しいものをつくりたいと思っていたのと、何か関係あるのでしょうか。

森田　自分が学んだ左官技術を、別のかたちで活かせないかと考えたんですね。京都で学んだ壁を塗る技術は、要するに「仕上げ」なわけですよ。主構造は木造で、それぶら下がるように土壁があって表面に「仕上げ」として土や漆喰を塗っている。でも左官が空間の「構造」になるんじゃないか、と考えたのが最初のきっかけです。構造にするならドームのほうが強いし、すごく薄く塗れるのが日本の左官技術だから、どこまで薄いドームをつくれるか実験して展覧会に出展したんです。

西田　こうして試行錯誤される一方で、仕事の内容も左官や土壁がない物件が少しずつ増

▲「コンクリートポッド」（設計・施工＝森田一弥建築工房、2005年）

えてきましたよね。

森田　そうですね。左官は土や石灰など、無機素材を扱う技術です。その一方で、建築素材には大工さんが扱う木や竹などの有機素材もある。左官にできること、できないことが見えてくると、今度は有機素材としての木にできること、できないことも別のテーマとして気になってきました。

山﨑　独立後、森田さんはポーラ美術振興財団の若手芸術家在外研修員として、バルセロナに行かれてるんですよね。どういう意識で渡西を決められたのでしょうか。

森田　一つは、学生時代の一年間の建築行脚ではお金がなくて西ヨーロッパには行けずじまいだったんです。そして左官にしろ設計にしろ、日本での経験しかなかったので、もっと別の技術を身に付けたり視野を広げたいと思ったんですね。

山﨑　具体的にどんなことだったのですか。

森田　僕は日本の左官技術は知っているけど、海外の左官技術のことは知らない。そこで、ヨーロッパで左官技術を勉強するならどこの国が面白いかリサーチしたところ、イタリアかスペインが面白そうだという結論に達したんです。とくにスペインの左官技術は仕上げだけでなくてカタラン・ヴォールト工法という構造として自立可能な技術があって、僕が日本で試みていた左官ドームを発展させるヒントになると思ったんです。

もう一つは、僕の仕事のなかでは既存建物の改修、つまりリノベーションが大きな割合を占めているので、それについても見聞を広めたかったというのがあります。それについてもヨーロッパのリノベーション事情をリサーチして、イタリアはすごく保守的なんだけど、スペインのリノベーションは既存を尊重しつつも結構アグレッシブで面白いと思ったんですね。

山﨑　でもバルセロナに行かれるときって、日本を遠く離れたら、今まで波に乗り掛けてた仕事だって一回中断しなきゃならないとか、そんなリスクは考えなかったのでしょうか。

森田　そこはあまり心配しませんでした。むしろ、それをやることで次の新しいテーマが見えてくるはずだから、やるしかないと。

山﨑　二〇一一年、四〇歳のときに再び渡西されたのは、確固たる何かをもって決められたのでしょうか。

森田　いやそうでもないです。最初の一年が終わって帰るときに、やり残したこともあって、もう少し時間があればと思っていたので、今度は文化庁の若手芸術家海外研修員に応募して企画書を出したんです。うまく審査は通って、でも仕事が忙しかったらいけないなって思っていたら、ぽっかり空いて。でもその過程で、やるべきことを明確に意識できたので、続けて二年滞在するより得るものは大きかったかもしれません。

山﨑　ご家族も同行されるのは二回目だったのですね。反応はいかがでしたか。

森田　娘や息子は泣きました。「行きたくない〜」とか言って。

山﨑　それでも一緒に行くんだと。

森田　別々に住むより一緒のほうが経済的ですし、行って損なことはないと思って。

山﨑　奥さんはどうでしたか。

森田　妻は、楽天的な性格なので「まあいいじゃん」と。

山﨑　それは良かったですね。でも、お子さんにとっては学校の問題も大きいですよね。

森田　そうなんですよ。でも、バルセロナでは前と同じ地域に住んで、同じ小学校に入れるようにしたので、部屋に入った瞬間「タロー！」って元クラスメイトが息子の名前を呼んでくれたそうです。すぐに楽しそうに友達の輪に入っていきました。

静原に事務所を構える

山﨑　スペインから一度目の帰国後、静原に事務所と住まいを移られたんですよね？

森田　はい、そうです。

山﨑　建築家にとって拠って立つ場所の選択はそれだけでも大きな立場表明になると思うのですが、ご自身のアトリエを静原に構えられていることに何か理由があるのでしょうか。

森田　二〇〇七年にスペインに行くときに、当時借りていた京都市内の家をどうするかという問題がありました。一年間住まずに家賃だけ払うのは嫌だなと思っていて。そうしたら、この集落の一軒家が安く手に入ることになって、荷物だけ放り込んでスペインへ行ったんですよ。

山﨑　静原の環境について、どこか気に入られた点があったのですか。

森田　学生時代に数え切れないくらいの集落を見て回ってきましたが、一目見てこれはいい集落だと直感したんです。日当たりが良くて、背後に水源となる山があって、前に畑があってというのが良い集落の条件だと思っていて。静原は、この条件にドンピシャの集落でした。

山﨑　なるほど。森田さんの価値感と、集落がマッチしたんですね。

森田　そうですね。僕は大学からの京都住まいですが、京都市内に何十年住んでも、地元の人とそんなには密接になれないだろうという人間関係が、この小さい集落ならつくれるだろうと思いました。

山﨑　どうやって探されたのですか。

森田　偶然見つかったんですよ。留守中の荷物を置いておけるような大きな空家がないかと知り合いの不動産屋さんに相談していたら、ボロボロの元茅葺き民家があると。

山﨑　考えてみたら、ボロボロの空き家を直したってお金が掛かるじゃないですか。これから一年間バルセロナ行くのに大変だと思いませんでしたか？

森田　そうですよね。それでも銀行からのお金の工面とかある程度見通しがついたので、水回りなどの最低限の改修をしてから、スペインに旅立ちました。

山﨑　それってどんな気分なんですか。

森田　帰ってから事務所を開く場所がわかっていると、向こうにいるときに何をしなければならないか、何を見る必要があるかがイメージできる、だからやっておくべきだと思っていました。

山﨑　なるほど。僕らは大儲けしている設計事務所でもないけど、「どうしたら独立するなんて腹をくくれるのか」とか、「何か確信をもってやったのか」って、よく聞かれるんです。森田さんの場合、それは住まいを新しくして、ご家族も一緒に渡西する瞬間だったのかもしれません。

　でも、森田さんにとっては、それほど重たい荷物を背負ったような気にはならなかったのですか。

森田　スペインに行くときも独立するときもリスクを負っているなんて気持ちはさらさらなかったです。左官やるときだって、会社に属して給料をもらうのとは違って、日払いですから、一日働いて幾らという、その延長として暮らしていけばいいっていう、シンプルな考え方です。インドで目撃した、目の前に体重計置いているのと同じ感覚なんです。

西田　いざとなれば左官の世界で絶対に食べていけるという自信が森田さんの背中を押してくれたのかもしれませんね。

森田　そうですね。当初、設計事務所としないで工房としていたのは、そういう意識があったんだと思います。

山﨑　二〇一二年に二回目のバルセロナから戻ってきたときに事務所名を「森田一弥建築設計事務所」に変えたんですね。

森田　はい。そこから基本的に壁を塗るのはほかの人に任せるようになりました。

山﨑　どうしてですか。

森田　自分が左官職人としてやれることはだいたいやったという気がしたんですよね。日常的に左官職人としてトレーニングしているわけではないので、これから先は自分の技術は伸びないだろうし、そうなると自分の腕が逆に足枷になるわけです。だからもう設計者としてやっていくことに決めようと。壁仕上げのサンプルづくりぐらいはやりますが、実際の工事はほかの人にお願いしようと思うようになりました。

山﨑　森田さんにとって、「こういうふうにやっていきたい」というモデルになった人やイメージはあるんですか。

森田　田舎で活動する建築家のモデルとしては、スイスのピーター・ズントーはいいなぁと思っていました。ああやって田舎の町で活動することが、態度としても素晴らしいし、クリエイションとしても素晴らしいものをつくっている。日本の建築家でそういう人は見当たらなかったし、あんなふうに日本でやっていきたいと思ったんです。二〇〇七年にスペインで、まだ無名だったRCRアーキテクツの作品を見に行って、彼らも田舎町を拠点にすごく良い仕事をしているなと思いましたし、最近では台湾のフィールドオフィス・アーキテクツにも刺激を受けました。

山﨑　確かに森田さんもオフィスと生活の場が隣接していて、スタッフと一緒にご飯を食べることが暮らしの前提のようですね。そもそも作家としての態度以前に生き方のイメージはあったのでしょうか。

森田　最初にバルセロナに行ったとき、建築家エンリック・ミラージェスの事務所で働いたのですが、すごく印象的だったのは、初日に任された仕事で張り切って、残業すると言ったら怒られたんです。「さっさと帰れ」って。「ここから先は家族の時間だ」と言って。お昼の時間もシエスタがあって、事務所には誰も残ってないんです。みんな家に帰って料理をつくって食べたり、スタッフ同士でランチを楽しんで、コーヒーを飲んで帰ってくる。そういう仕事の時間と生活を楽しむ時間を分ける考え方は見習うべきだし、それを日本でもやりたいと思ったんです。

幸い静原はどこも食べに行くところがないし、料理をつくる時間とか食べているときに色んなことをしゃべるのが、クリエイションにも絶対ポジティブに働くはずだと思っているので。ランチゼミと称して日替わりで誰かが話題を提供して、最近見た映画の話とか、進行中のプロジェクトのこととか、色んな話をスタッフやアルバイトの子としますね。

そして、九時始業、一八時終業が目標です。年間の休日も一三〇日、好きなときに取っていいとスタッフには伝えています。そうすると、限られた時間で効率良く仕事をこなす方法を考えますよね。とくに終業時間はなかなかそれを達成できませんが、働き方もまたクリエイションの一環だと思うので、少しずつそうした環境をつくっていけたらと思っています。

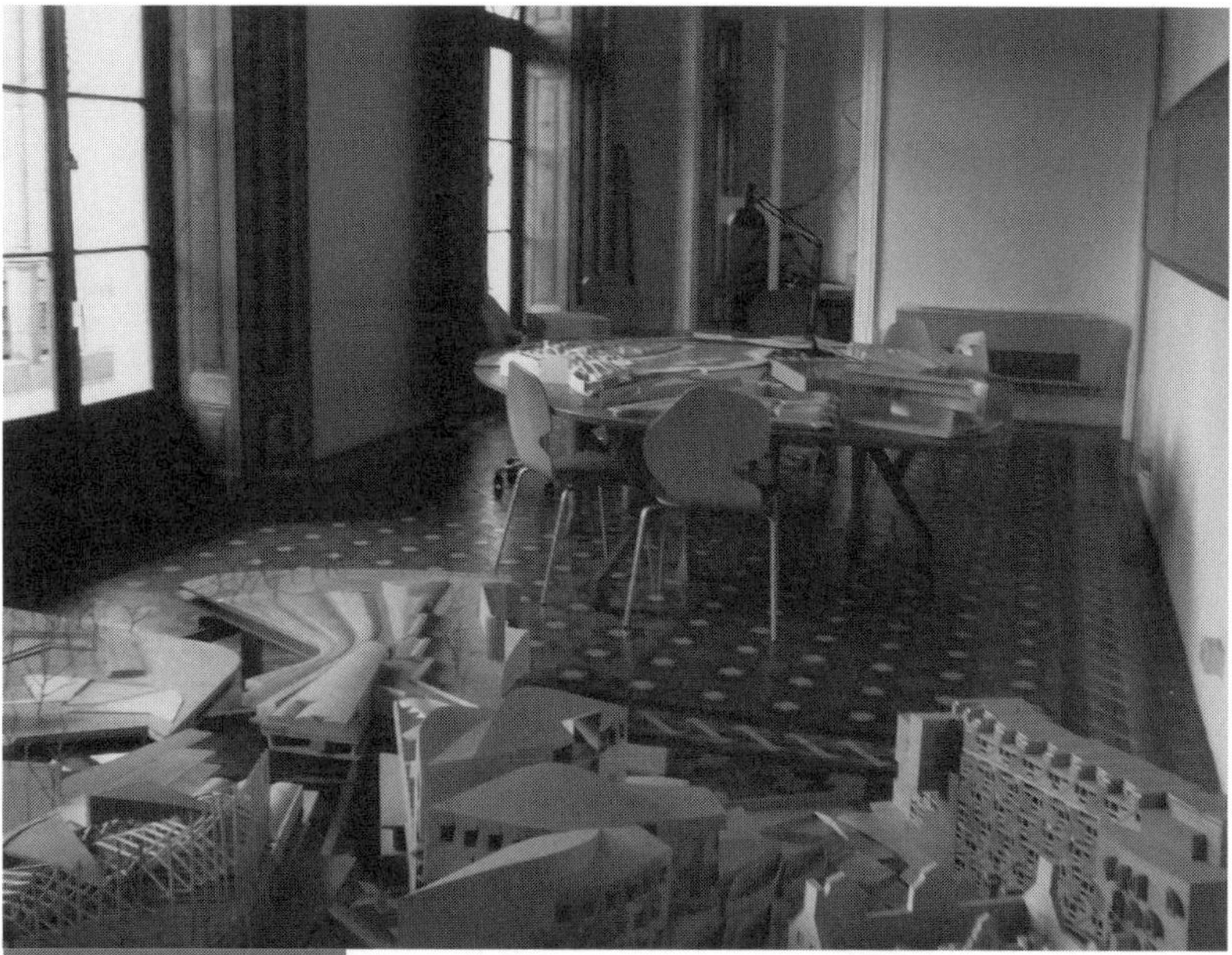

▲ エンリック・ミラージェス事務所

「時間の設計」

山﨑　二回スペインに行かれて、ご自身の方向性は、はっきりされましたか。たとえば「シエルフポッド／君府亭」（二〇〇七年）には建築的というか、はっとする新しさを感じますが、最近作はもっと長い歴史のなかに自分を捧げるようなお仕事に見えます。

森田　二年間のスペイン滞在を経て「時間の設計」に興味をもつようになりました。バルセロナの街角では、ところどころに古い時代の煉瓦壁や窓のアーチの跡などが露出していて、その場所の歴史を感じさせられることが多いし、リノベーションされた建物でもただ新しくするだけでなく、過去の痕跡みたいなものを大切に扱います。そうした「時間」をどうやって設計で扱えばいいのか、ということです。

たとえば、エンリック・ミラージェス事務所の作品は、とにかくエレメント（要素）が多いんですよ。「なぜこんなにゴチャゴチャしてるんだろう」と彼らの作品や模型を見て思っていたんです。実際に事務所で彼らの設計作業に参加してみると、誰かが一個模型をつくるとそれを前提にまた誰かが何かエレメントを足して、どんどん模型が複雑になっていくんです。複数の案から選んだり、余分なものを引くことをしない設計なんですよね。彼らの作品はリノベが多いから既存の要素を尊重するんだけど、新築であってもそこに関わったスタッフのスタディの時間が、彼らの作品にどんどん蓄積していくわけです。それって長い歴史が蓄積しているバルセロナや京都で設計をするのにすごく重要な態度だと思うようになったんですね。

そういったスペインで学んだことを、「御所西の町家」（二〇一三年）や「法然寺の家」（二〇一六年）などのリノベーション作品で、自分なりのやり方で試みました。建物の経てきた時間だけじゃなくて、町家の間取りや断面などの形式の新しさや古さ、土壁とか土間だとかをつくる工法の新しさや古さ、ものを組み立てるときのプロセスというか工程の前後関係、そして素材そのものの背負っている歴史、そうした色々な視点を意識的しながら重層的な「時間」を空間に埋め込んでいく、という方法です。

山﨑　森田さんの「時間の設計」という考え方は、森田さんそのものを表しているような気がしてなりません。つまり、物をつくっている人しか辿り着けない豊かさというと、大げさで抽象的かもしれませんし、身体を使ってモノをつくること——建築もそうかもしれませんが、それを実践している人でないと、その豊かさが得られないような感じがします。

町家の形式とか、土壁の工法みたいな、脈々とあるものに森田さんが建築家として関わることで、それが未来まで繋がってゆくというか。ご自身のなかに歴史とか文化とか色々な人たちの蓄積がいっぱい入っていって、それが自分の身体を通して血肉化することで、こういうお仕事になっているとも思えます。

森田　「時間の設計」とは情報の編集みたいな面があって、歴史を経れば経るほど蓄積した情報量は膨大になりますから、それを整理してゆくのが設計という作業になります。整理するときに、情報を消してしまうのか、残すけど見えなくするのか、見せつつ整理してゆくのか。それは結局、編集という作業に似ていて、編集する人の考え方や、着目したポイントによって現れる空間がまったく違います。したがって、編集する人の個性が色濃く現れますよね。

リノベーションの仕事は往々にして新しく見えることを期待されますが、古い建物を使い続ける価値というのは物理的な機能だけでなく、そこに刻まれた記憶や時間の痕跡にもあるはずなんです。古くて汚れて見えるけど、なぜそれがいいのか。その価値を空間だけでなくて言葉でも伝える必要があるけど、なかなかそれが難しい。その言葉は、誰にでも使える普遍的なものでありたいんですけど。

山﨑　その普遍的なものに到達させるのが大変で、すぐに言えるだろうかと思いました。

森田　それまで何となく思っていたことが、誰かの発した言葉によって腑に落ちることってありますよね。建築家が自身の仕事を何らかのメディアで発表する際にイメージだけではなくテキストも一緒に添えるのは、言葉にはそうした働きがあるからです。血肉となっ

▲「御所西の町家」(設計＝森田一弥建築設計事務所、2013年)

た言葉でなければ伝わらないのは確かですが、血肉化していても言葉にできていないことのほうが僕は多いと思います。何となく誰もが感じているんだけど、うまく言えないことはたくさんありますから。

山﨑　ありますね。「格子」と「洞窟」というキーワードもテキストのなかで使われていますね。どういった意味でしょうか。

森田　建築は、条件が厳しかったりプリミティブになればなるほど「格子」か「洞窟」に近づく、という仮説です。「篁」（二〇一四年）という竹細工の店舗のインテリアを手掛けたときに気づいたのですが、この仕事は超ローコストだったので高価な材料が使えず、唯一竹だけは自由に使えるという条件でした。そこで、細く割った竹のピースを並べて繊細な格子をつくって、それで空間を覆いました。商品を置くテーブルなどには無垢の一枚板を使いたくても、高くて手が出せない。どうしてかと考えると、木材などの有機物素材は植物から採取される素材だから、サイズが大きくなればなるほど希少性が高くなって値段も高くなる。ところが無機物は大きくても値段がたいして変わらないんですよ。板は幅が倍になれば値段は五倍ぐらい、下手すれば一〇倍になりますが、鉄板は大きさが倍になっても面積に比例して増えるだけなんです。だから、大きな面をつくるのに無機物は向いていて、その代表が「洞窟」、小さな面で隙間をつくるのに有機物が向いていて、その代表が

▲「篁」(設計＝森田一弥建築設計事務所、2014年)

▲「バー たかはし」(設計＝森田一弥建築工房、2001年)

「格子」ということです。

「バー たかはし」（二〇〇一年）という土壁のバーも「洞窟」のような空間でできています。独立した頃、土壁を使うときはよく「洞窟」にしていたんです。なぜなら「洞窟」のように塗るとチリ仕舞いの手間がない分、安いんですよ。

つまり、超ローコストの仕事で徹底して合理的にこなすときには、「格子」と「洞窟」というイメージで設計すると、うまくいくことに気づいたんですが、そもそも世界中の建築は無機物と有機物で出来ているんだから、建築は究極的には「格子」と「洞窟」の組み合わせでできている、と言えるんじゃないかと思っています。

山﨑　「御所西の町家」のコストはどうでしたか。

森田　構造はしっかり補強しましたけど、床は土間ですし、結構ローコストでできています。普通下地にするような荒壁のままですからね。本当はあの上に中塗りをしようとしたんですが、荒壁という古い技術のつくり出す質感が、建物に深みを与えていると感じられたので、「ここでやめましょう」とクライアントに提案しました。

山﨑　「八瀬の家」（二〇一〇年）や、「出町の町家」（二〇一一年）は、ちょっと空間の質が違いますね。

森田　そうですね。民家や町屋の型や技術を受け継ぐことは意識していましたが、表面はきちんと仕上げないと、と思っていましたから。「御所西の町家」はクライアントが粗野なもの、まだ仕上げていない状態をいいって言ってくれたんですよね。

山﨑　森田さんの大事にされている「時間の設計」という価値観に通じる方だったわけですね。

西田　ただ、「御所西の町家」の空間は、粗野なものというだけでは説明できない「品」を感じます。それは一体、どこから来るものなのでしょう。

森田　モノとモノが出会うエッジについて、とくに注意深くつくるように気をつけているからかもしれません。左官職人の間では、「チリが綺麗に納まっていると壁全体が良く見える」とよく言われるのですが、たとえばどんな荒々しい壁であっても、柱や床と接する部分を丁寧に仕上げておくと、「しっくり」空間に納まるように思います。ただ単に古いものを見せればいいというものではなく、どのように周囲との関係を整えるかという意識ですが、それは職人の頃に教わりましたね。

たとえば国宝の茶室「待庵」の壁を見ると、ただ荒壁を塗っただけのように見えますが、チリがまったく透いていないんです。あれはどうやってやったのかなと不思議なんですけれど、つまりそれが、押さえるべきところを押さえる、ということかなと思います。

「技術至上主義」からの脱却

山崎　森田さん自身、バルセロナを体験する前は、どのような考え方だったんですか？

森田　それ以前は自分の興味はやはり職人の延長にあって、今までにない技術であったり、高度な技術を使って見たことのない空間を生み出すことに興味があったのだと思います。「これいい仕上げでしょ」と。「こんなことができるんだ」というのを見せたかったんですよね。たとえば「ラトナカフェ」（二〇〇二年）という町家のリノベーションは自分が全部壁を塗ったのですけれど、土という素材を使いながら「こんな仕上げもできる、あんな仕上げもできる」という感じで左官の技術を披露している。「カフェレスパス」（二〇〇四年）という大阪の仕事でも漆喰に金箔を張ったりしているんですよね。

　そうやって職人であった自分が「技術至上主義」から抜けるのに一〇年掛かったような気がします。

山崎　それと「時間の設計」の違いは何ですか。

森田　ただ単純に「最高の技術を見せたい、良い仕事をしたい」というところから、「技術が生まれて今に至った歴史そのものを表現できないか」と考えるようになりました。

山崎　「技術至上主義」から抜けるきっかけは、どこにあったのでしょうか。

▲「ラトナカフェ」(設計＝森田一弥建築工房、2002年)

▲「カフェレスパス」(設計＝森田一弥建築工房、2004年)

森田　僕がよくレクチャーなどで紹介している、バルセロナの街角に古いローマ時代から残る壁の写真があります。下のほうは古いレンガの層で、上のほうは窓の跡が埋められていたり、新しいレンガの層になったりと、この街の歴史が写し取られているような壁です。実際にそんな壁が街のあちこちにあることが現地での生活ですごく印象的だったんですが、町家の改修で古い壁土を剥がしているときに、一枚の壁が下から竹小舞／荒壁／中塗り／仕上げ漆喰というレイヤーになっているのを見て、ヨーロッパは時間が垂直に立ち上がってゆくけど、日本の建築は水平方向に時間の流れがあるんだと思ったんです。だったら、僕は町家を新しくしているんだけど、一番奥のレイヤーを見せれば、すごく古い時間を見せられると思ったんですよね。

職住近接の暮らし

西田　プライベートについてもお聞きしたいと思うのですが、森田さんがご結婚されたのはいつ頃でしょうか。

森田　いきなりド直球の質問ですね。妻とは休学して旅行していたときに旅先で知り合って、大学院生のときに学生結婚をしました。実家からは勘当されて仕送りを止められて大変だったんですけど。左官職人を選んだっていうのは、所帯をもってしまったので、とりあえずは肉体労働で稼ぐっていう意味もあったんです。いきなり頭だけで稼げるほどの力もないから、まずは肉体で稼ごうと。手を使いながらも頭は空いているから、まわりの職人さんがどういうことをやっているか見えるし、設計の勉強もできますよね。そういうつもりでやっていました。

西田 なるほど。だから設計の修行でもあって、まず稼ぐという手段でもあった。

森田 一挙両得ですよ。今の環境は、職住が近いのがいいですね。日が暮れると自宅に帰って家族と食事ができて。

山﨑 しかも仲が良さそうですよね。

森田 まあそうですね。職住が近ければ喧嘩もしますが。仲直りも早いです。

西田 常に一緒にいると、家族のコミュニケーション不全も起こりづらいかもしれないですね。

森田 しんどいことも一緒に体験できますからね。

山﨑 不思議な感じですよね。森田さんのご両親がそうだったんですか。

森田 父が仕事をしている姿を見たことはありませんでしたね。その反動か、僕は仕事の苦楽は家族にも見せたいと思うんです。仕事の様子が全部筒抜けで見えて、設計した建物が完成したら一緒に見に行ったりとか。

西田　森田さんのご実家はどちらだったんですか。

森田　愛知県の弥富町（現在は弥富市）で育ちました。田んぼと、金魚の養殖池がたくさんある濃尾平野の田舎町です。父は高校の美術教師で、気楽な商売だと子ども心に思っていました。じつは父も僕らが子どもの頃に奨学金で海外に数年留学したりしていて、メキシコに留学中には家族も一緒に現地に滞在しました。そのときの体験が強烈だったので、海外に行くなら同じことをやりたいなと思っていたんです。

山﨑　さすが親子ですね。娘さんが建築を選ばれたと聞きましたが。

森田　うちの子どもにはずっと「建築はいいぞ、建築は楽しいぞ」って言っているんですよ。というのは、まず仕事としてすごく面白いと思うんですね。あとは、家業というか、親と同じ仕事をやっていると、入ってくる情報の量がほかの人とは全然違うじゃないですか。僕の父にも、子どもの頃から絵画とか音楽とかいろんなものを体験させてもらったし、それが今の仕事にもつながっていると感じるのでそれを活かしてもらえたらなと。

山﨑　しかも一緒にバルセロナまで行って。まるっきり同じではないけど、近しい経験をしているわけですからね。確かにそれはものすごいアドバンテージですね。

それにしても、このご時勢、「建築いいぞ」とは、なかなか言えませんよね。誰もが、「これから仕事がなくなる、建築なんか少なくなっていくぞ」と思っているのに、森田さんはこれからも建築の仕事はずっとあり続けると思っているんですよね。それは、どうしてですか？

森田　高度成長期に大量生産した物件がストックになっていて、使い続けなければいけない。そのときには個別対応が必要になるから、設計のプロの技術が絶対必要になると思うんですよね。今まで効率優先で生産していた建売とか、ハウスメーカーの住宅をリノベーションするときには、細かい対応ができる設計者が必要ですよね。

西田　なるほど。メーカーにはないノウハウが必要になってくるということですね。

事務所の運営

山﨑　森田さんは設計料をどのように設定していらっしゃいますか。

森田　工事費に対して一律一五％としています。高いと言われるときもありますけど、それなら別を当たってくださいと。

山﨑　それだけの価値が絶対あるというメッセージですか。

森田　安く請け負って中途半端なエネルギーしか掛けられなくて、中途半端な仕事になるのではお互いにとって意味がないですから。

山﨑　いいですよね。

西田　仕事の流れ、進め方はどのようにされていますか。基本的に森田さんがトップにいて、スタッフと一緒にというスタイルでしょうか。

森田　そうですね、一応、僕が一通りのことは把握しながらも、担当のスタッフが中心になって進めてもらっています。ただ、スタッフ同士が担当以外の物件はどうなっているか知らないという状況はつくりたくないので、定期的に最新案をみんなで共有して、全員が口を出せるような環境をつくろうと思っています。

山﨑　スタッフは何人いらっしゃいますか。

森田　これまで三人だったのが、去年二人入ったんですね。その後に一人独立していきましたので、現在四人ですね。三〇歳が一人で、ほかは数歳ずつ下です。

山﨑　少し人数が増えたのは、仕事の量が増えたということでしょうか。

森田　そうですね。ただ、二年とか三年掛かっている物件も多いので、効率はあまり良くないかもしれません。スタッフは常時、一軒を現場で監理しながら、一軒は設計しているような感じですね。

山﨑 森田さんは経営者的な目線でプロジェクトの進み具合を気にすることはあるのでしょうか。

森田 一応、各仕事に対して掛けられる時間を計算して、実際に掛かっている時間をチェックしたりはしています。ただ、同じ設計料でもすごくスムーズに進む仕事と、四苦八苦してなかなか進まない仕事の差が大きくて、それは経営的には大変なのですが、仕方がないことかなとも思っています。単純に売り上げを増やせば給料も増やせるだろうと思いますが、大きな仕事を断って小さな仕事だけ受けてしまうことがあったりして。

でもできる限り、みんなでアイデアを出し合ったり、集中して仕事することで、働く時間を減らそうと考えています。スタッフには、なかなか帰れず「そうはいかねえよ」と思われているかもしれませんが、六時に終わらせる、という気持ちをもつのは大事ですよ。いくらでも時間を掛ければいいものではないし。

西田 大きな仕事を断ってしまうのは、どういう理由ですか。

森田 クライアントの印象で、直感ですね。「この仕事は請けないほうがいいかな」と。逆に、大変そうだけどやったほうがいい仕事を請けることもあります。

山﨑　どういう仕事だったら、請けないほうがいいと思うんですか。

森田　あまりプロとしてリスペクトされず、デザインに口出しされて、決定権はクライアントが握る、みたいな雰囲気を感じる場合は断りますね。建築は完成した商品を売るわけじゃないので、デザインしてみないと、どうなるかわかりませんから。

山﨑　森田さんにとって、良い仕事とはどんなものをいうんでしょうか。

森田　それは皆さん一緒だと思いますけど、クライアントと一緒に考えられる仕事がいいなと思いますね。

西田　クライアントさんから声を掛けていただくときのルートってどんなところが多いですか。

森田　八割ぐらいは、ウェブサイトですね。皆さん、Googleで画像を検索しているのでしょう。たとえば「リノベ 町家」とか。それで画像が並んだ画面を見て、「これが良い」というので、こちらのサイトまで辿って来られるのかなと思っています。僕の名前を知って検索するわけではないと思います。

山﨑　でも「リノベ 町家」でヒットする写真っていっぱいあると思うんですよね。そのなかでも森田さんの写真に多くの人がぐっとくるんでしょうね。

森田　不思議ですね、自分でもなぜだかよくわからないのですが「御所西の町家」は結構反響があります。今どき、暗い家があまりないので印象に残るのかもしれません。

西田　お仕事のエリアは、ほぼ京都ですか。

森田　九州や和歌山でもやっているので、必ずしも京都だけではありませんが、今は七〜八割は京都です。ただし敷地が京都でもクライアントさんは半分以上が京都以外の方か、もしくは将来的に京都に住む、たとえば定年後に京都に住む予定の方が多いです。五年くらい前から台湾や香港など海外のクライアントも増えています。

山﨑　ご自身の手法について、日頃、クライアントには、どのように説明されていますか。

森田　時間があれば自分の仕事をいくつか案内するようにしているのと、実際にわれわれの仕事場を見てもらうのが一番いいだろうと思うので、まずこの事務所に来てもらうようにしています。

西田　スタッフに、ご自身の経験を活かして何かをやってもらったり、指導するうえで意識したりすることはありますか？

森田　ほかの設計事務所がどうしているのかわかりませんが、現場によく行かせるようにはしていますね。とくにリノベーションはコントロールできない部分も多くて、むしろ現場でのアクシデントをどう前向きに受け取るか、どう面白くするかが、設計が思いもよらないところに転がってゆくきっかけになると思っています。ですから、現場に行くこと、

▲ 静原の集落の風景

そして現場で起こっていることを観察することという、現場主義の意識は事務所全体で共有していると思いますね。

西田　確かに、反射神経を鍛えるようなところがありますよね。

森田　カタログにあるものでつくられた建築は、カタログで見たものがそのまま現場にあることを望むわけですが、既存の建築は本当にどうなっているかわからないし、ディテールもどう納まるかやってみないとわからない。でも、それを前向きに捉えてゆくという感覚ですね。

西田　リノベーションの場合、その場所にもともとあるものも素材のうちですからね。それは新しく手を加えてゆくことの作法としても、従前と従後で価値が上がるという意味でも、いい意味でハイブリッドな価値になると思いますね。

山﨑　今後の展望についても教えていただけますか。

森田　事務所としてどういう規模にしたいか、どんな仕事をしたいかというより、この村のなかでどのように活動していけるかを考えています。村の人が事務所の前を通って模型を覗いていったり、近所のおじちゃんが「焼き芋焼いたぞ」といって持ってきてくれたりする関係があるのですが、これからはもっと、たとえばスタッフが田植えに行ったりして、地元の人と関係を広げられたらいいなって思いますね。ただ仕事をして帰るだけではなく、違う関係をつくっていけたらな、と思っています。

山崎　やっぱり森田さんご自身と「時間を設計する」という考え方、そして設計した建築は繋がっているんですね。「本来建築家ってこうあるべきなんじゃないか」と思います。

森田　たとえばこの集落にいて古い家を見ていると、江戸時代や明治時代の暮らしぶりが、ありありとわかります。とくに関西にいると古いものがたくさんあるので、かつての暮らしへの想像力を掻き立てられますし、そういうものから刺激を受けることで、未来について考えることができるようになると思うんですよ。ただ先日、関東の大学の講評会に呼んでもらって課題を見せてもらったら、まわりのコンテクストを全然気にしていない学生が沢山いるんですよね。それはそれで京都にはない感覚ですごく新鮮でした。新しい都市は環境の変化が激し過ぎるからあまり気にしても仕方がないと感じるのかもしれませんけど。

建築との関わり方に正解はない

山崎　森田さんって、もともと勘がいいんでしょうか。生き方にセンスを感じますね。

森田　そうでしょうか。直感をそのまま実行しているので、痛い目に合うこともありますけど。

山﨑　森田さんにとって人生の〝谷〟を感じることはありますか。

森田　あんまり〝谷〟だと思ったことはないですけどね。事務所の経営に関していうと山あり谷ありはあるんでしょうけど。ただ気持ち的には、あまり感じたことがありません。

　僕が一年間旅行して感じた教訓の一つは、「天国はどこにもない」ってことなんですよね。すごく天国みたいに見える場所でも地元の人には悩みがあって、僕らから見たら地獄みたいなところでも、人々は楽しそうに生きているじゃないですか。バルセロナだって気候も良くて天国みたいな場所だけど住んでみると大変なこともいっぱいあって「やっぱり日本のほうがいいな」と思いましたし。

山﨑　おっしゃる通りですね。森田さんは普段学生の方々と接していて、就職相談や人生の悩みを受けたりするんですか。

森田　そんなに頻繁ではないですけど、そんな話をすることもあります。

山﨑　何て答えてあげることが多いですか。

森田　よく言うのは「給料が安くても、最初に一流の仕事を学べるところに行ったほうがいい」ということですね。「最初は本当に尊敬できる仕事をしている人のところへ行け」と。僕は早くに結婚したので、まずは稼ぐための肉体労働として左官職人の世界に飛び込みましたけど、そこが偶然、一流の職人さんが集まる現場だったことがその後の人生を変えたと思っています。スポーツでも何でもそうだと思いますが、一流の見本があると上達も早いですよね。そして、多少の遠回りを恐れるなと。あとで絶対に役に立つから。

山﨑　森田さんが考える建築教育の基礎、たとえば文脈の読み取り方とか、歴史に対する理解とか、歴史に込められた様々な人たちの思いまで汲み取るような、そういったものは、どうやったら身に付くものなのでしょうか。

森田　自分の核となる〝型〟を一つもつこと、が重要な気がします。僕の場合は、日本の古い建築で学んだスケール感や異なる材料を組み合わせるバランス感覚だと思いますが、徹底的に学んだとか体験したある分野の知識があると、そこから他分野に対して応用することができます。建築家が色々な場所に行って、色々な条件に対して自分なりの提案を出さなければならない時代に、自分の根幹となる〝型〟があることで、その土地の文化の背景にある文脈や歴史に想像を巡らすことができるようになるんじゃないでしょうか。

西田　森田さんの経験ってなかなかほかの人が真似できない部分が多いと思うんですけど、今の学生やこの本の読者に対して「これはやったほうがいいよ」と思うこととか、ご自身がやってきたなかで振り返ってこういうリソースが大事だと感じることはありますか？

森田　建築のデザインよりも先に、自分の「生き方」をどうデザインするか、その行為を楽しんでもらいたいですね。建築の面白さは掛け値なしですし、建築じゃなくてもモノを生み出す仕事って本当に楽しいと思うんですけれど、そこへの関わり方は色々あると思うんですね。だから建築家という肩書きに囚われる必要はないし、現場で手を動かしたっていいいし、企画や発注する側に回ってもいいいし。「これが正解だ」というものはないので、自分で建築とどういう関わり方をするか、そのためにどこに居を構えるか、まずはそこからクリエイションは始まるし、その試行錯誤が面白いはずです。

西田　そうですね。これが自分に向いていると決めてしまわず、とりあえずやってみたら何か気づくことがありますよね。

森田　合わなかったとしても、そこからの学びが必ずありますからね。

人生何かに挑戦して、結果的に無駄になることなんてありませんからね。一見無駄に思えるようなことに、あえて挑戦するべきですよ。

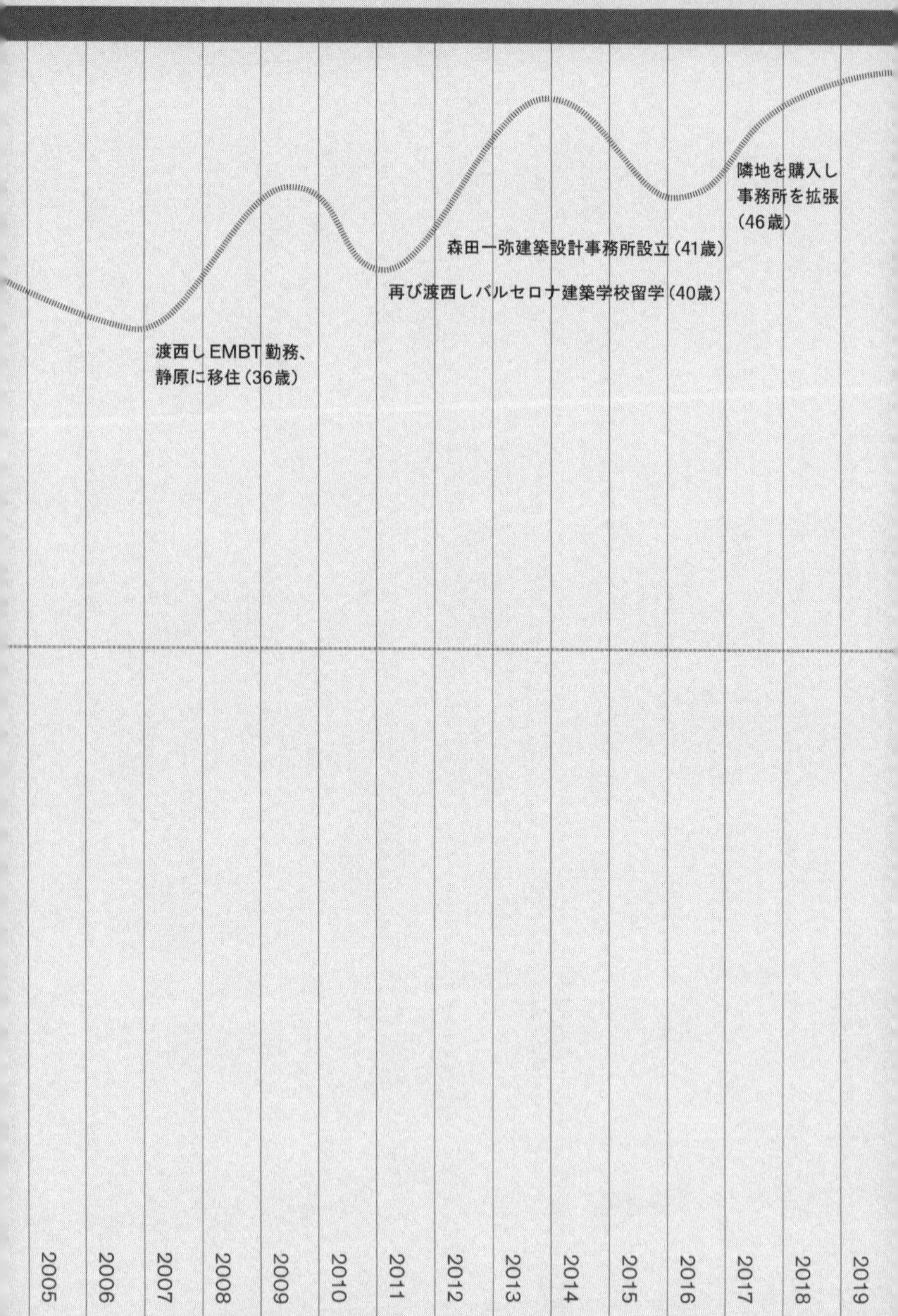
隣地を購入し
事務所を拡張
（46歳）
森田一弥建築設計事務所設立（41歳）
再び渡西しバルセロナ建築学校留学（40歳）
渡西しEMBT勤務、
静原に移住（36歳）
2005
2006
2007
2008
2009
2010
2011
2012
2013
2014
2015
2016
2017
2018
2019

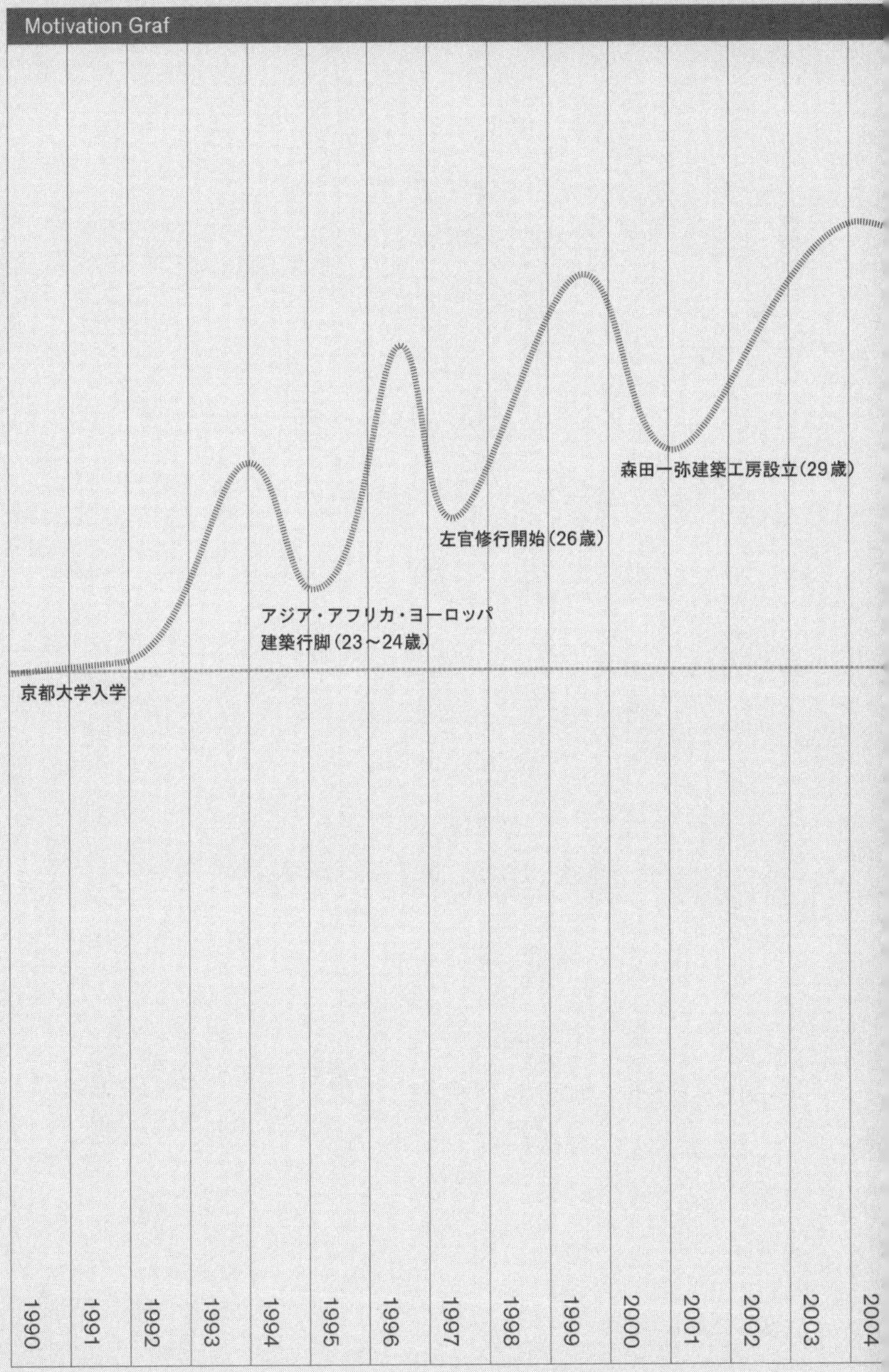
Motivation Graf
京都大学入学
アジア・アフリカ・ヨーロッパ
建築行脚(23～24歳)
左官修行開始(26歳)
森田一弥建築工房設立(29歳)
1990
1991
1992
1993
1994
1995
1996
1997
1998
1999
2000
2001
2002
2003
2004

鼎談

いつの日か、マイナスもプラスに書き替わる

山﨑健太郎／西田司／後藤連平

ロールモデルは必要か

後藤　本書では編集委員の三人が分担してインタビューを行ったわけですが、皆さん話を伺っていかがでしたか。

　僕から感想を述べさせていただくと、建築家って作品の力だけで道を切り開いているように思われがちですが、じつは人との出会いが作品にとても大きな影響を及ぼしていることが浮き彫りになったなと思っているんです。

　谷尻誠さんは工務店の親方に建築を教わったというエピソードを話してくださいましたし、五十嵐淳さんは建築について話せる友人がずっといなかったけれど、藤本壮介さんと知り合ってからは色々な刺激を受けてコンペにも出し始めたそうですね。鈴野浩一さんはシーラカンスK&H時代の同僚とまた仕事がしたくてオーストラリアに渡ったことが貴重な経験に繋がったそうですし、小堀哲夫さんからは組織の先輩が建築の面白さを教えてくれたという話を伺いました。

西田　確かに、生き方に補助線を引いてくれるようなロールモデルの存在って大きいと思います。
　自身を振り返ってみても、学部生の頃、当時助教授だった北山恒さんに実家の建て替えの話を相

談したら、「（自分で）やったらいいよ」って簡単に言われて、それはすごく印象に残っています。

北山さんが学生時代から設計活動をされていたことも、卒業後すぐに独立するのに背中を押してくれたのかもしれません。

山崎　僕もロールモデルのようなものを探したいという気持ちはあったんです。でもずっと見つからないでいるし、じつはそういうものはないんじゃないかと。富永譲さんに「ロールモデルなんて考えないほうがいいんだよ、旅に出ればいいんだ」と言われて以来、旅に出ることにしています。

でももしかしたら、そういう意味ではロールモデルは富永さんということになるのかもしれません（笑）。

西田　確かに（笑）。背中を押してくれるようなものがあると、安心できる時期があるということかもしれないですね。

山崎　ロールモデルというよりは、きっかけを与えてくれた人、というほうが正しい言い方かもしれないですね。

ロールモデルがあると逆に苦しいこともあると思います。今回話を聞いた建築家は、理想通りにいかないことに苦しむ気持ちから外れていて、気楽に生きてるなという印象を受けました。

大学で学生たちの話を聞いていると、ロールモデルを探したいという気持ちが強すぎるんじゃないかと感じます。「どこに就職すれば、どうなれるのか」とか。もちろん就職先を決めるときに、キャリアがどうなっていくかを理解しておきたい気持ちもわかります。でも話を聞いた建築家はそういった意識ではなく「どうすれば自分の学びたいことが学べるのか」という意識で道を選んでいる気がするんですよね。
　すべてが建築に繋がっているという意識

後藤　皆さん学生時代に強烈な実体験をもっていて、それで進む道を判断しているところがあるなとも思いました。

　永山祐子さんは学生時代に舞台演出の手伝いをしたことで「自分が求めているのはこれではない」と確信がもてたとおっしゃっていましたし、小堀さんは山に登って強烈な体験をしたことが、その後の人生の原動力にもなっていました。

西田　同時期に同じことを経験された人間もいると思うのですが、なぜパーソナリティに影響を与えるくらい、彼らに強くインプットされたのが、僕も気になります。これって何なのでしょうか。

後藤　僕も小堀さんがなんであんなに山にのめり込んで、あんなに楽しそうに話せるのか、心から楽しいと思えるのか、とても気になるんですよ。

　やっぱり出来事に対して「すごい」と思える強い感受性をもっているということなのかもしれません。それは、もちろん才能だと言えるとも思うんです。でも生まれつきのものではなく、意識して学べば身に付けられる、と僕は思いたい。

西田　自分の好き嫌いに意識的になっていくとそうなっていけるのかもしれませんね。

山﨑　僕自身は建築の仕事を通して、意識的に感覚を研ぎ澄ませていけるような気がしています。

西田　〝仕事〟と思っているのか、〝生き方〟と思っているのかでインプットの感覚が変わっていくのかもしれないですね。

後藤　「ここからここまでが建築で、それ以外は建築ではないから、自分のやるべきことではない」と決め付けてしまうのではなく、すべてにアンテナを張れている感覚というのでしょうか。

西田　たとえば「最近見た一番いい建築は？」という質問に対して、小堀さんだったら「アルプスです」と答えられそうですよね。建築は生き方の問題と捉えるなら、そういう答えも腑に落ちます。だからこそ小堀さんは「自然と建築の接続」という視点から建築のあり方をクリエイティブに考えることができているのではないかと思います。

後藤　心に刻まれるような経験は人によって違うはずだから、それが建築の個性につながっていくのでしょうね。建築をつくるということは、雑誌などを見ていいなと思ったものを真似てつくるというものではなく、自分のなかにある固有のものを素直に出して、建築というかたちに翻訳していくということなのかもしれません。

夢中になることで不安が気にならなくなる

山﨑　全体を通して読んで、こういう野生的な生き方ができたら楽しいだろうと思いました。「不安はない」とおっしゃる方が多かったですよね。

学生向けのトークショーを西田さんと一緒に頼まれたとき学生たちに知りたいことのアンケートを取ったことがあったのですが、みんなお金に対する不安をすごくもっていることがわかりました。

ですから今回はそういう視点でも建築家に話を聞いたわけですね。皆さん不安がゼロということはないのですが、そのときにトライしているものにワクワクして夢中になっていて、不安があまり気にならなかったという感じでした。

後藤　山﨑さんは、独立したときにはどうでしたか？

山﨑　僕もすごく小さなプロジェクトに一生懸命になっていました。組織にいたときとまったく規模が違うから、小さな仕事が面白くて夢中になって。それを三年くらい続けていたら、徐々に規模の大きな仕事が増えてきたという感じでした。

僕も話を聞いた森田一弥さんは三六歳と四〇歳で二回スペインに渡っています。たまたま仕事が少なくなったから、などとおっしゃってましたけど、側から見るとすごく勇気が必要だったように思います。ただ自分に引き寄せて考えてみると、夢中になっていると不安があっても進んでいけるんだろうなと思いました。

でも僕は独立したばかりの不安な時代をもう一回やれと言われたら、「絶対嫌だ」と言いますけどね（笑）。

後藤　若さゆえに乗り切れたということなんでしょうか。

山﨑　若さではなくて、強い好奇心みたいなものがあったからだと思います。

後藤　なるほど。もし自分が不安を忘れてしまうほど没頭できる何かに出会えたら、それが生き方と言える仕事になるのかもしれませんね。

仕事の入り口

後藤　以前、西田さんが一件目の住宅を建てているときに話し掛けた方が二件目のクライアントとなったというエピソードを聞いて、すごいなと思いました。なぜそんなことが起きたんですか？

西田　その頃は暇だったので、毎日のように現場にいたんです。現場を足を止めて見ている方がいたから話し掛けただけなんですよ。

山﨑　僕も似たような経験ありますよ。一件目の住宅を施工してくれた業者の方と、作業後寛いでいたら「ちょっとさ、設計してくれない？」って頼まれました。

後藤　小堀さんはまわりのみんながクライアントだと思ったほうがいいとおっしゃってましたよね。そういった誠実な態度でいることがとても重要なんでしょうね。

西田　めちゃくちゃ重要ですよ。

山﨑　でも小堀さんはインタビュー用にそう答えてくれたのであって、意識せずとも普段からオープンマインドで真摯な方なんだろうなと思います。小堀さんは人との繋がりで仕事が来るのが一番いいと思ってらっしゃるような気がするのですが、仕事が入ってくる入り口は人によっても違いますよね。西田さんはいかがですか？

西田　住宅だと、一見さんが多いですね。ほかのジャンルはやはり何らかの繋がりから受けることが多いです。

ところで仕事とは言えないような仕事って、あるじゃないですか。そういうことでも、僕は極力丁寧に答えるようにしてるんです。今もちょうど「擁壁が崩れそうなんだけど、どうしたらいいか」と知り合いから相談されていて。「構造計算をしたほうがいいんじゃないか、構造家を紹介しましょうか」とお話ししてるんです。

山﨑　「そういうのは、オンデザインの仕事じゃない」って思ったりはしないんですか？

西田　僕も「これは自分の範疇じゃないな」って

思いますよ。でもコミュニティのなかで、たまたま自分が一番得意だったら、自分がやるようにしてます。こういうときの態度が仕事に影響が出るんじゃないかと思っているんです。

たとえばスタッフで仕事の種類によって完成度が異なる人はあまり信用できないと思ってる。エクセル作業とか、プロジェクトの一部だけ手伝うとか、そういう類いの仕事と、デザインを任されるクリエイティブな仕事で態度が如実に違う子には「そんなことやってちゃ伸びないよ」とすぐ言いますね。

山﨑　僕も、つまらない仕事も面白くするところまでが自分の仕事だと思ってます。

西田　面白がれるかどうかって、とても大事ですよね。

山﨑　そうですね。あまり打算的なことを考えているとそういう思考にはならないかな。つまらないって思ってたものが思いもよらずエキサイティングな仕事になるってこともあるしね。

西田　今まで価値なしと思われていた案件こそが若手のフィールドを担っている感じもありますよね。面白がり方が問われている気がします。

後藤　建築家が領域を超えていくことで道が開かれていく気運が今はあるように思いますね。

お金がなくても気にしない？

西田　今回は共通して事務所の経営についても質問しましたけど「お金がなくても気にしない、なんとかなる」という方が多かったように思います。その心持ちって大事なのではないでしょうか。

後藤　小堀さんが独立される際に、お父さんから

「一つ仕事をしっかりやれば絶対、次に繋がるから、先のことは考えなくていい」と言われて、不安がなくなったというエピソードがありました。それは僕たちにとってもすごく安心感をもらえる言葉ですよね。

山﨑　そうですね。でも一方、谷尻さんは「良い仕事をすれば自然と仕事が来るから」というのではなく「もっと積極的にアピールしないと」という考え方ですよね。でもどっちも真理だと思うし、振り切れていればどっちでもやっていけるのかもしれない。

西田　ただ谷尻さんも経営のことをあんまりシリアスには捉えていないようでしたね。仕事がなくなることに対しては心配していますけど、フィーの大小を気にしている様子はない。

　サポーズデザインオフィスはベンチャー企業ともいわれていますが、絶対に当てにいこうというのではなく、長期的な視点で見て設計活動にプラスになるだろうから、まずはやってみるかという感覚ですよね。細かい採算を気にし過ぎると判断が狂うんだろうと思います。

建築家だって常に悩んでいる

西田　この本をつくるうえで『建築家への道』（吉田研介編、TOTO出版、一九九七年）を参考にしましたよね。僕が大学生のときに出版された、北山恒さんや内藤廣さん、坂茂さん等が人生を語られている本ですが、彼らは「こういう価値観がいいよ、こうしたほうがいいよ」とバシッと言っていたように思います。翻って今回はあまりそれがないなと。道が示されているわけではなく、「僕はこうだったけど、道は自分で決めるものだから、あなたは自分で考えてね」という緩い感じがしました。

後藤　時代性が影響しているのでしょうか。

西田　そうだと思います。建築家というものの枠が広がっていたり、考え方自体のインプットが増えているのかもしれません。

後藤　「建築家すごろく」みたいないわゆるスタンダードモデルが強くあったら「こうしろ」というのは言いやすいのかもしれないけれど、そういったものはなくなったし、建築家が手掛けるビルディングタイプの幅も広がったから、幅広い建築家のあり方があるとも言えます。そういうことが関係しているのかもしれませんね。

山﨑　建築家自身が「自分もまだ悩んでいるよ」ということではないでしょうか。ある年齢になったら悩みが抜けて前に進みやすくなるというわけではなく、悩み続けている。

後藤　はたから見たら十分成功されているように見えるけれど、常に現在進行形で悩み続けているんですね。

西田　でもわかっていることをずっと繰り返すことよりも、悩みながら、不確定なことをやり続けることのほうがクリエイティブである気がします。

後藤　確かにクリエイティブですし、目まぐるしく変わる時代だからこそ、常に自分がやるべきことを問い直していればずっと刷新されていくわけで、建築家としても生き残りやすいようにも思います。

マイナスの記憶もプラスに書き換えられる

西田　以前に聞いた話ですが、過去の記憶って、改ざんできるらしいんです。過去のある部分をマイナスと捉えず、そのときの学びが自分にとってプラスになっていると捉えられた瞬間にポジティブなものに改ざんされる。ナラティブ（語り）に基づいた医療の処方にも援用されているそうです。

山﨑　今回インタビューした皆さんに〝谷〟がないっていうのは思考のうまい改ざんが起こってるのかもしれないですね（笑）。

後藤　佐久間悠さんも事務所をクビになったり、リーマンショックの影響で仕事がなくなったっていうエピソードを教えてくれましたけれど、ちゃんと今そのときの経験を語れるということは、結局クビになったほうが良かったと捉えられている、ということですよね。

西田　人生ってもしかしたら、ある時点で記憶が改ざんされるものなんじゃないでしょうか。これが〝谷〟だからと思ってても、時期が過ぎればプラスに書き換わる。そう考えると、恐れずチャレンジしたほうが得なのかもしれませんね。

〃山〃に登って振り返ると、〃谷〃だったと気づいた。

西田司

僕は二三歳で大学卒業と同時に独立したのだが（「独立」といっても覚悟をもってというよりは、自宅の建て替えを機に、設計にチャレンジしたというものだ）、当時は本当に何もわからず、一緒にやっていたパートナーの保坂[1]とともに夜な夜な、プロの図面を参考に、見よう見真似で描いたり、考えたことを模型に反映したりしていた。材料も知らず、納まりも知らず、法規も知らず、それゆえ、施工者やメーカー、行政とのコミュニケーションもままならず、またコスト感覚もまったくなく、自分たちができたことは、ただ竣工までのプロセスに帯同していただけで、ほぼすべて誰かに聞きながら、教えてもらいながら、調べながらやっていた。

当時のエピソードはネタの宝庫だ。たとえば行政に提出する確認申請の作法がまったくわからなかったため、シングルラインで面積をあたっただけの配置図面を持って役場の建築指導課のカウンターに行き「確認申請を出したいんですけど、何が必要ですか」と真面目に相談して、本気でビックリされたこともあった。ちなみに準備をしなさ過ぎて最初は門前払いされたが、三回ほど通うと向こうも教えてくれるようになり、一〇回目で確認申請のフォーマットが揃えられた（苦笑）。その頃を振り返ると、何もわからないで悪戦苦闘している自分たちは人生の〝谷〟に落ちていたかといえば、その意識さえもなかった。その後、材料や納まりや法規を理解し、専門的な知識が増えてくると、当時がいかに危なっかしかったかがわかる。決してほかの人に薦められないプロセスだが、この体験が自分の血肉になっていると思いたい（笑）。

このように大変な時期の自分を振り返ってみると、その当時はできなかったが、自分を俯瞰して冷静に言語化することができる。これはまさに山に登って、後ろを振り返ると景色が違って見える感覚である（キャリアという言葉の語源は、轍《わだち》と言われているが、自分のキャリアは前方に想像するものではなく、振り返るものなのだ）。「あのとき、アホだったな〜」とか「あのとき、こうしておけば、もっとうまくいったのに！」などは今だから言えることだし、経験による実感が言葉の端々に宿る。そういった話は単純に面白いし、「自分もこういう失敗をしたことあって〜」と、話題をかぶせて花が咲くことも多い。そう、失敗談や苦労話は、自分ごとにしやすいのだ（誰もが他人の失敗談により、自分を開いていく）。この本に登場する建築家は、そんな人生の苦労や失敗で獲得した生きる知恵（ネタ）を、ときには笑いながら、ときには悟ったように、惜しげもなく披露してくれている。この本を手に取ったあなたは、ぜひとも、そこに「ホントですか！」「すごい！」「それは大変ですね！」と勝手にツッコミを入れてほしい。そうすることで、距離が遠いと思っていた建築家が、とても身近に感じられると思う。

本書の価値はそこにある。ぜひ、誰かとこの本のことを話すときは、読んだ感想と一緒に、あなたが経験した苦労話などのネタを一緒に披露してほしい。つくる言葉だけでなく、生きる言葉が面白くなると話が止まらなくなる。その感覚こそが、建築家人生の第一歩なのだから。

1＝保坂猛。横浜国立大学の同級生で、スピードスタジオを共同設立した。現在、保坂猛建築都市設計事務所代表、早稲田大学芸術学校准教授

建築人生を切り開く開拓者たちへ

後藤連平

仕事柄ジャンルを問わずネット上の様々な記事に目を通す。そのなかで近年よく意識させられる言葉の一つが「生存者バイアス」だ。

Wikipediaでその言葉を調べてみると「何らかの選択過程を通過できた人・物にのみを基準として判断を行い、通過できなかった人・物は見えなくなるためそれを見逃してしまうという誤謬である」と記載されている。簡単に言えば、何らかの分野で成功した人たちの頭のなかからは、同じ分野の失敗した人たちのことが抜け落ちてしまっていて、その発言やアドバイスが間違っている場合があるということだ。確かにそのようなケースもあるだろう。

しかし、この言葉が本来の意味を越え、冷笑や諦めとともに使われる場面をたびたび目にする。どのように使われているか具体的に書いてみよう。

メディアが成功した人たちの言葉・方法論・経験を求め報道する。そしてその言葉に対し、ネット上の読者が「それは生存者バイアスに過ぎない」とコメントし切り捨てる。つまり「成功しているからそう言えるだけだ」という意味で使われるわけだ。ネット上で本当によく見る光景である。そして、ネットのなかだけでなく日常生活でもそのような雰囲気を感じる場面に出会うこともある。ただ、現代社会の厳しい環境にいる多くの人が、そう答えたくなる気持ちもとてもよく理解できる。事実、僕自身もつらい状況にいるときにはそう考えてしまうこともある。

そんな時代だからこそ、この書籍に収録されたインタビューでは、読者が、最初の一歩を踏み出す原動力になるような話を引き出したいと思っていた。生存者バイアスという言葉で一蹴されることのない「自分もやってやろう!」と思い、心動かされるような生の言葉を引き出したいと思っていた。ともに編集に携わった山﨑健太郎さん、西田司さんとは具体的にそのような話をしたわけではないが、そのインタビュー時の姿勢を傍から見て、彼らが同じ思いをもってインタビューに臨んだのだと確信している。

結果としてでき上がった本書は、あらゆる建築関係者に勇気を与えるものになったと思う。どんな素晴らしい活躍をしている建築家にも、学生時代があり無名な時代があり不遇の時代があった。ただ、彼らはその時々で、常に目の前の出来事に真剣に向き合い、考え、生き抜いてきた。もちろん振り返ってみた過去は良い思い出になっている部分もあるかもしれないのだけれど、その際に選択された行動や考え方の詳細な話は、今の僕たちが建築に向き合う場面で十分に参考になる言葉で満ち溢れていた。

僕自身彼らの言葉からの学びを既に実践しているし、読者の皆さんにも、その生の声をまず受け止めて、それを頭で考えるより前に、まずは実践してみてほしいと強く願う。本書に登場する建築家たちが暗に語っているように、行動から生まれる強い実感とそこからの学びが、自身の原動力になり自らを成長させるのは間違いないのだから。

本書の出版に際しては、多くの皆さんにご協力いただきました。
大変多忙ななか、快く依頼を受けてくださった七人の建築家の皆さんに改めて感謝申し上げます。ほかのインタビューでは聞くことのできない同世代の実践者同士だからこその突っ込んだお話を聞かせていただき、本当に有意義な時間となりました。

また編集を担われたユウブックス代表の矢野優美子さんなくしては、このインタビュー集は完成しませんでした。彼女の、建築の世界に書籍というかたちで貢献しようとする姿勢は非常に明確で尊いと感じており、編著者三人も矢野さんの為にも頑張ろうと、ことあるごとに話し合っていたのでした。本当にありがとうございます。

最後に本書を手に取ってくださった皆さん、数多ある書籍のなかから注目してくださりありがとうございます。僕たちは、建築を志す同志・仲間だと思います。この変化の激しく混沌とした時代をともに生き抜いていきましょう。皆さんの建築人生が素晴らしいものになりますように！ 本書がその一助になることを願っています。

二〇一九年一二月

＜撮影・提供＞

新良太‖p.187上

阿野太一‖p.014, p.063, p.077

新井隆弘‖p.187下, p.195（2点）, p.198上

五十嵐淳建築設計事務所‖p.217, p.230（2点）, p.233（2点）, p.234（2点）, p.244（2点）

小川真輝‖p.074

表恒匡‖p.021（2点）, p.030（2点）, p.042（2点）, p.289, p.291上

建築再構企画‖p.093, p105（3点）, p.110, p.115

小堀哲夫建築設計事務所‖p.179

佐々木育弥‖p.253（2点）

杉岡一郎‖p.276

杉野圭‖p.291下, p.295（2点）

東京急行電鉄、東急レクリエーション‖p.026

富田里美‖p.071上

Tom Roe‖p.143

Nácasa & Partners‖p.198下

日本館広報事務局‖p.010

bird and insect ltd.‖p.108

バウハウスネオ‖p.201

森田一弥建築設計事務所‖p.265（2点）, p.270, p.272, p.285（2点）, p.304

矢野紀行‖p.133（2点）, p.141（2点）, p.150

ユウブックス‖p.007, p.049, p.081（2点）, p.091, p.125, p.155（2点）, p.175, p.183, p.206（2点）, p.259

吉次史成‖p.071下

＜編者プロフィール＞

山﨑健太郎
Kentaro YAMAZAKI
1976年千葉県生まれ。2002年工学院大学大学院修了後、株式会社入江三宅設計事務所。2008年山﨑健太郎デザインワークショップ設立。現在、同事務所代表。工学院大学、東京理科大学、明治大学、早稲田大学、法政大学非常勤講師。

西田 司
Osamu NISHIDA
1976年神奈川県生まれ。1999年横浜国立大学卒業後、スピードスタジオ設立。2002～07年東京都立大学大学院助手を務め、2004年株式会社オンデザインパートナーズ設立。現在、同事務所代表。東京大学、東京工業大学、東京理科大学、日本大学非常勤講師。

後藤連平
Rempei GOTO
1979年静岡県生まれ。2004年京都工芸繊維大学大学院修了。組織系設計事務所勤務ののち、2007年小規模設計事務所勤務の傍ら、アーキテクチャーフォト®を立ち上げる。現在、アーキテクチャーフォト®主宰。

“山”と“谷”を楽しむ建築家の人生

2020年2月5日　初版第1刷発行

編　者　山﨑健太郎／西田司／後藤連平
発行者　矢野優美子
発行所　ユウブックス
〒157-0072 東京都世田谷区祖師谷 2-5-23
TEL: 03-6277-9969　FAX: 03-6277-9979
info@yuubooks.net　http://yuubooks.net

編集＝矢野優美子
文＝中村謙太郎（interview）、矢野優美子（鼎談）
装丁＝ido［飯田将平＋下岡由季］
印刷・製本＝株式会社シナノパブリッシングプレス

ISBN 978-4-908837-07-4 C0052